Sara Kitzmann

LIEBENSWERTER ALLTAG

Sara Kitzmann

Liebenswerter Alltag

Mit Gott zwischen Bauklötzen, Buntwäsche und Babybrei

Francke

Über die Autorin:
Sara Kitzmann kommt aus dem nordrhein-westfälischen Siegen und ist gelernte Fremdsprachenassistentin für Englisch und Französisch. Neben ihrer Tätigkeit als Vollzeit-Mama von vier Kindern findet sie Ruhe in verschiedenen schöpferischen Aktivitäten wie dem Nähen, Malen, Gestalten oder dem Schreiben. In ihrer Gemeinde im Westerwald engagiert sie sich sowohl musikalisch als auch praktisch und organisierte zudem bis vor Kurzem einen Gebetskreis für Mütter.
Auf ihrem Blog www.liebenswerteralltag.de schreibt sie regelmäßig über ihren eigenen Alltag in ihrer Beziehung mit Gott.

Bibliografische Information der Deutschen Nationalbibliothek
Die Deutsche Nationalbibliothek verzeichnet diese Publikation in der Deutschen Nationalbibliografie; detaillierte bibliografische Daten sind im Internet über http://dnb.dnb.de abrufbar.

3. Auflage 2026
ISBN 978-3-96362-258-8

Am Schwanhof 19, 35037 Marburg an der Lahn
Umschlagbild: © shutterstock/Yavdat
Illustration: © pixabay/Graphic_King
Bilder Innenteil: © Unsplash
Umschlaggestaltung: Francke-Buch GmbH / Marion Schramm
Satz: Francke-Buch GmbH
Printed in Poland

www.francke-buch.de
info@francke-buch.de

Inhalt

Hallo, liebe Mami,

vielleicht bist du gerade müde und sehnst dich nach ein wenig Ruhe. Oder du hast erfolgreich einen Berg Geschirr beseitigt und gönnst dir jetzt eine Pause; es ist so schön, dass du dieses Buch in deinen Händen hältst! Denn ich habe es für dich geschrieben. Ich möchte dir zusprechen: Du machst einen wundervollen Job! Das, was du jeden Tag leistest, ist großartig, auch wenn du das Gefühl hast, dass niemand richtig wahrnimmt, was du alles tust und dass jeder Tag deines Lebens eine ermüdende Endlosschleife von immer denselben Aufgaben ist. Jesus sieht dich. Und er freut sich über jeden Becher Wasser, den du deinen Kindern zu trinken gibst, über jedes Paar schlammbespritzte Gummistiefel, das du schrubbst, und über jedes Buch, das du vorliest, so, als hättest du es für Gott persönlich getan. Dein Mama-Sein ist kein lästiger Nebenjob, der dich daran hindert, in deinem Leben zu etwas »Richtigem« zu kommen. Sondern er ist eine göttliche Berufung. Und jede der vielen Nebensächlichkeiten, mit denen dein Tag so gefüllt ist, dient diesem höheren Ziel. Dein Alltag ist ein Gottesdienst, weil du mit jedem Brot, das du streichst, und mit jedem Fleck auf dem Boden, den du aufwischst, Gott dienst.

Ich wünsche dir, dass dein Tag mit Freude und Zuversicht gefüllt ist, dass Gottes Gegenwart in jedem kleinen Detail sichtbar wird und deinen Alltag zum Glänzen bringt. Ich wünsche dir, dass du mit Kraft und Würde deinen Aufgaben begegnen kannst, weil du weißt, für wen du sie tust. Ich wünsche dir, dass dich dieses Buch ermutigt und auf Gott ausrichtet, sodass du deinen Alltag mit anderen Augen sehen kannst – als das, was er wirklich ist: ein Gottesdienst.

Von Herzen, deine Sara

Alltäglicher Gottesdienst

Bei allem, was ihr tut, arbeitet von Herzen, als würdet ihr dem Herrn dienen.

Kolosser 3,23

Hast du dich schon mal bei dem Gedanken ertappt, dass du als Mama ja eigentlich nichts »Richtiges« machst? Das Geschirr vom Mittag in die Spülmaschine räumen, bevor die Teller beim Abendessen wieder schmutzig werden. Die Hemden und Hosen bügeln, die nächste Woche garantiert erneut im Wäschekorb liegen. Fenster putzen, die bald ohnehin wieder beschmiert sind. Spielzeug aufräumen, das gleich wieder im ganzen Zimmer verstreut wird. Welche Mama kennt das nicht. Man hat das Gefühl, dass man Tag für Tag, Woche für Woche und Jahr für Jahr einfach immer dasselbe tut. Wäsche waschen, Windeln wechseln, Essen kochen … Unser Leben ist so gefüllt mit diesen (in unseren Augen) unwesentlichen Dingen, dass wir gar keine Zeit für »die richtigen« haben. Für etwas, das Gott wirklich gebrauchen kann. Etwas, das wir für Jesus tun können.

Na ja, denken wir, *unsere Zeit wird schon wiederkommen.* Wenn die Kinder groß sind. Dann sind wir endlich wieder einsatzbereit im Reich Gottes. Dann können wir wieder etwas für Jesus tun. Aber bis dahin müssen wir uns halt damit abfinden, dass unser Alltag viel zu wenig Raum für das gibt, was wir unter geistlichem Dienst verstehen …

Soll ich dir etwas sagen? Deine Zeit ist jetzt! Ja, genau jetzt, während du die Dreckpfütze auf dem Fußboden wegwischst oder Pfannkuchen backst. Denn auch das darfst du für Jesus tun! *»Bei allem, was ihr tut, arbeitet von Herzen, als würdet ihr dem Herrn dienen und nicht den Menschen! Ihr wisst ja, dass ihr vom Herrn mit dem himmlischen Erbe belohnt werdet. Denn ihr dient Christus, dem Herrn!«* Ist das nicht großartig? Gottesdienst beginnt hier bei mir zu Hause. In meinem Alltag. Zwischen Bergen aus schmutzigem Geschirr und Wäsche, die noch gefaltet werden und den Weg in den Schrank finden muss. Unter kleinen Menschen, die mit ihren Händen Spuren an den einst frisch geputzten Fenstern hinterlassen und die getröstet werden wollen. Inmitten von sich immer wiederholenden Aufgaben und einer nicht enden wollenden To-do-Liste. Hier dürfen wir Jesus dienen, hier sind wir Mitarbeiterinnen in seinem Reich und bekommen sogar einmal von ihm einen Lohn dafür.

»Hausarbeit ist das, was man tut, ohne dass es jemand bemerkt, bis man es nicht mehr tut.« Eine kluge und zugleich frustrierende Aussage. Manchmal hat es für mich den Anschein, als wäre das Mama-Sein ein ganz schön undankbarer Job. Umso schöner ist es allerdings, dass nichts von dem, was ich an unbedeutenden Dingen tue, von Gott ungesehen bleibt, sondern einmal belohnt wird. Jede kleinste Kleinigkeit, die ich erledige, darf ich von Herzen für Jesus tun. Ob ich das Gemüse klein schneide oder die Wäsche aufhänge, meinen Kindern die Schuhe zubinde oder ihnen ein Buch vorlese, die Hausaufgaben kontrolliere oder Rotznasen abwische. Ich kann all das mit einem fröhlichen Herzen tun, weil ich es nicht zuerst für meine Familie, sondern zuallererst für Jesus tue. Und das gibt den Dingen gleich einen ganz anderen Wert. Denn ein Mittagessen, das für Jesus gekocht, oder ein Hemd, das für Jesus gebügelt wird, ist plötzlich gar nicht mehr so unwesentlich. Und selbst wenn von dem Essen nachher nichts mehr übrig ist und das Hemd nächste Woche wieder in der Waschmaschine landet, hat mein Tun doch Ewigkeitswert, wenn es für Jesus getan ist.

Russell Hobbs
KLARSTEIN

Das ist die Sache mit den Prioritäten

Es soll euch zuerst um Gottes Reich und seine Gerechtigkeit gehen, dann wird euch das Übrige alles dazugegeben.

Matthäus 6,33

Im Wohnzimmer tobt das Chaos, in der Küche stapelt sich das Geschirr vom Frühstück, die zweite Ladung Wäsche wartet neben der ersten darauf, aufgehängt zu werden … und endlich ist das Baby eingeschlafen, sogar in seinem eigenen Bett! Die To-do-Liste für heute ist lang und ich bin wirklich versucht, jetzt endlich durchzustarten und so viel wie möglich zu erledigen, solange der kleine Mann mich lässt und nicht wieder zahnend und quengelnd auf meinem Arm hockt.

Ich glaube, wir alle kennen solche Tage im Mama-Alltag, an denen die Kinder anstrengender, die Wäscheberge höher und die Böden schmutziger sind als sonst – an denen wir uns einfach ausgelaugt fühlen und keine Ahnung haben, wie wir diesen Tag überstehen sollen, und wir jeden zusätzlichen Programmpunkt einfach meiden; auch die Zeit mit Gott. Denn wenn wir sie streichen, passiert erst mal nicht viel. Das Essen kommt trotzdem auf den Tisch, die Waschmaschine läuft dennoch ihre dritte Runde … Es geht alles mehr oder weniger schnell seinen Gang. Aber wir werden merken, dass wir mit der Zeit immer müder und genervter werden, und denken dann, es läge an den Umständen. An zankenden Kindern, angebranntem Essen und verschütteter Milch …

Wenn ich meinen Tagesplan ganz nüchtern betrachte, weiß ich, dass es das einzig Vernünftige wäre, jetzt mit den Aufgaben loszulegen, ehe ich heute wieder zu gar nichts komme. Und doch weiß ich, dass es ein höheres Prinzip gibt. Ich weiß genau, dass Frust oder Freude, Erfolg oder Niederlage für diesen Tag davon abhängen, ob ich mich genau jetzt erst einmal hinsetze und in der Gegenwart Gottes auftanke oder nicht. Die Erfahrung der ganzen letzten Jahre hat mich einiges gelehrt:

Erstens, dass Zeit mit Gott niemals verlorene Zeit ist, die einem nachher irgendwo fehlt (ganz egal, wie voll der Tag ist), und zweitens, dass ich meistens auch den Rest des Tages nicht mehr dazu kommen werde, wenn ich mir die Zeit für Gott nicht jetzt direkt nehme. Wie oft habe ich es schon erlebt, dass er mich mit unglaublich viel Frieden, Liebe, Freude, Geduld und Freundlichkeit beschenkt hat, Eigenschaften, die ich für diesen Tag so bitter nötig habe.

Warum also nicht mitten im Chaos zu meinem Gott kommen? Diese Chance will ich mir nicht entgehen lassen. Auch wenn es nur eine Viertelstunde ist: Ich erlebe dann, wie Gott mich durch sein Wort so sehr erfrischt und belebt, wie es eine ganze Stunde Wellness nicht könnte. Ich spüre dann oft eine Leichtigkeit, sodass mir meine Aufgaben danach viel schneller von der Hand gehen und ich oft noch viel mehr schaffe, als ich mir eigentlich vorgenommen habe. Wie Gott das hinbekommt? Keine Ahnung. Typisch Gott eben.

Ich gebe den Ton an

…EINE NÖRGELNDE FRAU IST WIE EIN TROPFENDES, UNDICHTES DACH.

SPRÜCHE 19,13

Nicht nur die Tatsache, dass »der Herr dem Werk meiner Hände Gelingen schenkt« (Psalm 90,17), erinnert mich immer wieder daran, wie wichtig die Zeit mit Gott für mich ist. Ich habe noch eine weitere Gesetzmäßigkeit in meinem Alltag entdeckt: dass ich den Ton angebe. Ob fröhlich oder unzufrieden, das Lied, das ich auf den Lippen habe, wird von allen gesungen. Kinder sind wie ein Spiegel. Begegne ich ihnen freundlich, sind sie (in der Regel) auch gut gelaunt, während die Stimmung der ganzen Familie im Keller ist, wenn ich einen schlechten Tag habe. Es gab Zeiten, da fand ich es furchtbar ungerecht, dass ich nicht einfach mal schlecht drauf sein konnte und das Leben um mich herum trotzdem normal weiterging; dass ich für ein bisschen Missmut immer gleich eine ganze Ladung streitender und mürrischer Kinder zurückbekam. Aber irgendwann habe ich begriffen, dass das auch eine Riesenchance ist. Ich gebe den Ton an. Und ich entscheide, welches Lied gesungen wird, welche Atmosphäre bei uns zu Hause herrscht. Liebevoll und fröhlich oder gereizt und unfriedlich.

Genau deshalb ist das ein weiterer, sogar noch wichtigerer Grund, regelmäßig Zeit mit Gott und seinem Wort zu verbringen. Denn das sind die Zeiten, in denen er am meisten zu mir redet, mich seinem Bild ähnlicher macht und mich so umgestaltet, dass ich für meine Familie ein Segen bin, meinen Kindern sein Wesen widerspiegle und ein fröhliches Lied anstimme, das dann von der ganzen Familie gesungen wird und bis nach draußen zu hören ist.

Stille im Chaos

Ich habe den Herrn stets vor Augen, weil er mir zur Seite steht, werde ich nicht zu Fall kommen.

Psalm 16,8

Für unsere Aufgabe als Mama führt im Alltag kein Weg daran vorbei, dass wir Zeit mit Gott und seinem Wort verbringen, wenn wir den Tag nicht nur gerade so überleben, sondern mit »Kraft und Würde« (Sprüche 31,25) meistern wollen. Die Frage ist nur: Wie?

Die klassische »Stille Zeit« in aufgeräumter, ruhiger Umgebung, in der man für eine Stunde mal nichts anderes macht, als sich auf Gott zu konzentrieren, werden viele von uns wohl erst wieder erleben, wenn die Kinder groß sind. Und deshalb ist es auch sinnlos, auf solch eine Situation zu warten. Ich glaube, dass die »Stille Zeit« einer Mama sehr oft eine laute Zeit ist. Mit einem redseligen Kleinkind neben sich oder einer tobenden Kinderschar im Hintergrund. Natürlich ist das nicht besonders besinnlich, aber glaubst du, dass das für Jesus ein Hindernis ist? Unordnung und Kinder haben ihn noch nie davon abgehalten zu segnen und zu belehren. Er lobte Maria sogar dafür, dass sie die Hausarbeit liegen ließ, um Zeit mit ihm zu verbringen und ihm zuzuhören. Ich glaube, dass es damals auch nicht besonders ruhig um sie herum war. Immerhin war da ja noch die Martha, die ganz geschäftig im Haus herumwuselte. Aber Maria saß direkt bei Jesus, zu seinen Füßen. Dort kam sie mitten im Alltagstrubel zur Ruhe.

Genau das ist der Platz, an den wir uns auch flüchten dürfen. Mitten im Chaos wartet Jesus nur darauf, sich zu uns an den Küchentisch zu setzen. Ihm sind die Krümel auf dem Fußboden egal. Er sieht, dass unser Herz nach seiner Gegenwart verlangt. Und darüber freut er sich.

Fühl dich zu Hause

Das ist mein Trost, dass dein Wort mich belebt.

Psalm 119,50

Wenn ich meine Bibel aufschlage, habe ich meistens eine ganze Anzahl Stifte zur Hand. Und ich bin auch großzügig darin, diese zu benutzen. Alles was mich ermutigt, erfreut, ermahnt oder auf andere Art und Weise anspricht, wird bunt markiert. Dazu nutze ich am liebsten Buntstifte. Ich habe da kein bestimmtes System, sondern nehme immer die Farbe, nach der mir gerade ist. Die Verse, die ich besonders schön oder wichtig finde, notiere ich oft noch in schöner Schrift am Rand entlang oder an eine andere freie Stelle. Dadurch werden mir die Worte viel lebendiger, ich präge sie mir leichter ein und meine Bibel wird nach und nach immer bunter, sodass es einfach Freude macht, sie durchzublättern. Gerade an Tagen, an denen ich zu müde bin, um mich wirklich aufs Lesen zu konzentrieren, sind es diese Verse, die mich beim Aufschlagen meiner Bibel direkt anlachen und ermutigen.

Ich finde, eine Bibel ist so etwas wie ein Zuhause. Zuerst sind da nur die kahlen Wände, aber dann hängst du hier ein Bild auf, stellst dort eine Blume hin und nach und nach wird es immer heimeliger, man fühlt sich immer mehr zu Hause und die Räume strahlen die Persönlichkeit dessen aus, der darin wohnt. Mit deiner Bibel sollte es genauso sein. Fühl dich in ihr zu Hause und richte sie dir so ein, dass du Freude beim Anschauen und Lesen hast und sie eine ganz persönliche Ausstrahlung hat. Mach dich mit deiner Bibel vertraut – wisse, wo du wichtige Dinge für dein Leben und deinen Alltag wiederfindest, ohne sie lange suchen zu müssen. Und sei ehrlich und offen vor deinem Gott. Vor ihm musst du nichts verstecken. Er hat ohnehin schon mitbekommen, dass du vorhin lieblos zu deinem Kind warst und der Unzufriedenheit Raum in deinem Herzen gegeben hast. Aber er ist trotzdem da und hält seine liebende Vergebung für dich bereit, wenn du bereit bist, ehrlich zu sein und ihn an dir arbeiten zu lassen.

Ohne Punkt und Komma

Seid ausdauernd im Gebet.

Kolosser 4,2

In den vergangenen Jahren habe ich festgestellt, dass Gebet viel mehr ist als das, was ich seit meiner Kindheit immer damit verbunden habe: auf die Knie gehen, alles aufzählen und Amen sagen. Gebet ist ein Lebensstil, den man sich antrainieren kann (und sollte). Diese beständige »Standleitung« mit Gott ist das, was mich durch meinen Alltag trägt und mich immer wieder daran erinnert, dass ich nicht alles allein schaffen muss. Ich finde, es ist so ein großes Vorrecht, dass der große Gott sich um mich müde Mama, die sich von einer Aufgabe zur nächsten hangelt, kümmert und immer ein offenes Ohr für jedes noch so kleine Anliegen hat. Und dass ich ihm alles, was mich gerade bewegt, einfach so bringen darf. Dabei spielt es keine Rolle, ob ich dabei meine Hände falten kann oder ich sie gerade im Spülwasser habe oder das Baby wickele. Ich darf alles mit ihm teilen, ob ich mich um eines der Kinder sorge, mir eine Sache Angst macht oder mein Herz einfach vor Freude und Dank überfließt. Dabei erlebe ich dann, wie die Last leichter und die Freude größer wird. Ich darf meinen Mann und meine Kinder vor Gott bringen und für jeden Einzelnen aus meiner Verwandtschaft um Segen und Kraft beten. Und das alles, während ich Schmutzwäsche sortiere oder das Gemüse fürs Mittagessen klein schneide.

Es ist einfach schön, wenn meine Gedanken im Alltag immer wieder zu Jesus wandern, wenn ich meine Pläne mit ihm bespreche und ihm erzähle, worüber ich mich gerade freue. Oft bitte ich ihn auch darum, mich an die Menschen zu erinnern, die mein Gebet gerade nötig haben. Oder mir eine gute Idee zu geben, was ich heute kochen könnte. Oder ich erbitte mir Weisheit, um den verzwickten Streit zwischen meinen Jungs fair zu schlichten und die theologisch komplizierte Frage meiner vierjährigen Tochter verständlich zu beantworten. Ich danke ihm, dass die Milch grade doch nicht übergekocht ist (war knapp …) und mir noch rechtzeitig eingefallen ist, dass das Brot dringend aus dem Ofen muss (hatte ich beim Wäscheaufhängen schon wieder fast vergessen). Und wenn ich abends unter meine Decke krieche, ist mein letzter Gedanke: »Danke, Herr Jesus, für mein gemütliches Bett!«

Alles nur kleine Dinge im Leben einer ganz normalen Mama. Und doch kann ich Gott in alles miteinbeziehen. Wenn ich ihn in jeden kleinen Bereich meines Lebens lasse, erlebe ich, wie er das Grau zum Glänzen bringt und mein Alltag zu einem Gottesdienst wird.

in unserer
Küche
und lachen wir

Feierabendstimmung

Tut euer Bestes für die Sache des Herrn, denn ihr wisst:
In Verbindung mit dem Herrn ist eure Mühe nie umsonst.
1. Korinther 15,58

Müde fege ich den Küchenboden. Es ist still im Haus. Nur das Brummen der Spülmaschine ist zu hören. Wie gut, dass man Kinder hat, sonst wüsste man diese Ruhe am Abend gar nicht richtig zu schätzen. Heute war wieder so ein Tag, an dem ich gefühlt nichts geschafft habe, außer Streit zu schlichten, zu trösten und ein krankes Baby herumzutragen. Ich bin müde. Und unzufrieden mit mir. Weil ich heute nichts Nennenswertes auf die Reihe bekommen hab und dazu noch den Musikschultermin am Nachmittag verpasst habe. Eine Ladung nasser Handtücher wartet noch darauf, aufgehängt zu werden, und die trockene Wäsche stapelt sich neben dem Bügelbrett. Das muss wohl bis morgen warten. Oder übermorgen.

Gut, dass Gott meinen Tag gnädiger beurteilt, als ich das tue. Er misst den Erfolg oder Misserfolg der letzten 24 Stunden nicht an der Menge geputzter Fensterscheiben oder dem Zustand meines Fußbodens. Er schaut mein Herz an und sieht, dass ich mein Bestes gegeben habe. Er hat jede Träne gezählt, die ich heute abgewischt, und jeden einzelnen Meter, den ich mit meinem weinenden Baby auf dem Arm zurückgelegt habe. Für ihn spielt es keine Rolle, ob ich heute Nachmittag die Küche geschrubbt oder »nur« mit meiner Kleinen ein Puzzle gemacht habe, weil sie traurig war, dass sie nicht mit ihren großen Brüdern zusammen auf den Spielplatz gehen konnte. Für ihn ist nichts von dem, was ich getan habe, umsonst gewesen, egal ob am Ende des Tages davon noch etwas zu sehen ist oder nicht. Für ihn ist Erfolg so viel mehr als eine aufgeräumte Wohnung und ein sauberer Boden. Ich habe an diesem Tag in seine Sache investiert, in Menschen, die er mir anvertraut hat. Und das wird nie vergeblich sein.

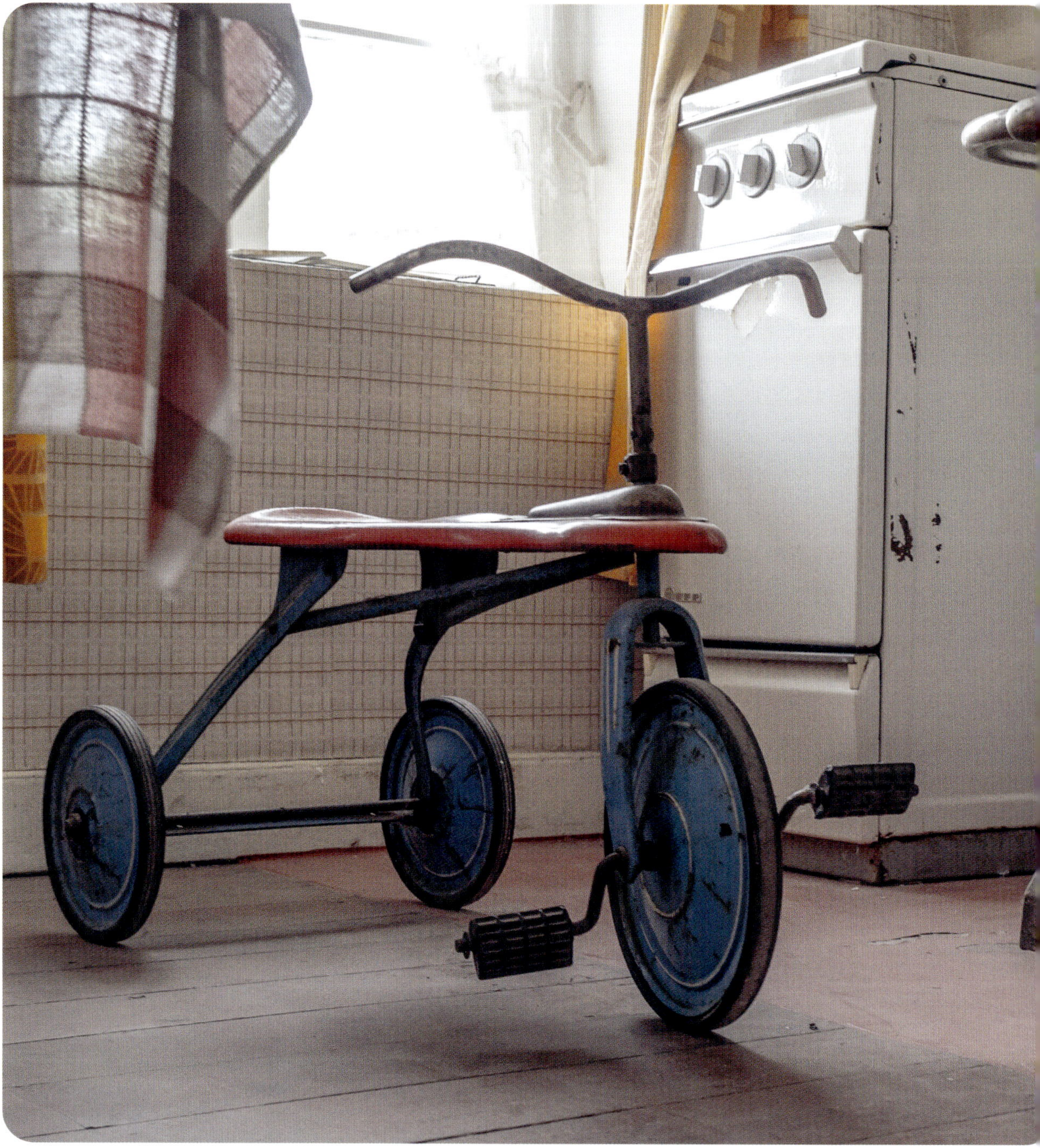

Perspektivenwechsel

MEINE GEDANKEN SIND NICHT EURE GEDANKEN, UND EURE WEGE SIND NICHT MEINE WEGE. SONDERN SO HOCH DER HIMMEL ÜBER DER ERDE IST, SO VIEL HÖHER SIND MEINE WEGE ALS EURE WEGE UND MEINE GEDANKEN ALS EURE GEDANKEN.

JESAJA 55,8-9

Wenn man Kinder hat, lernt man, die Welt wieder mit anderen Augen zu sehen. Bei Kindern ist nicht nur ihre Wahrnehmung vom Leben eine ganz andere als bei uns Erwachsenen, sie sehen die Welt auch ganz tatsächlich aus einer anderen Perspektive, einfach weil sie kleiner sind. Das wird mir jedes Mal bewusst, wenn ich mich zu ihnen auf den Fußboden setze, um ihnen Gesellschaft zu leisten. Von hier unten sieht alles anders aus und auch die Prioritäten sind irgendwie verschoben. Die Puppen, Autos und Bausteine stehen im Mittelpunkt, während das schmutzige Geschirr, das auf der Arbeitsplatte auf mich wartet, überhaupt nicht zu sehen ist. Es tut mir gut, immer wieder in diese Kinderperspektive abzutauchen, in der Spiel und Spaß eine große Rolle spielen und Aufgaben nebensächlich sind. Und mich hat das auch einiges über meine eigene Perspektive gelehrt.

Die Dinge, die direkt vor meiner Nase liegen, empfinde ich als groß, wichtig und manchmal unüberwindbar. Meinen Kindern geht es da nicht anders, wenn sie z. B. vor einem Berg von Legosteinen sitzen, der wieder in die Kiste soll. Wenn ich mir die Situation von oben anschaue, weiß ich, dass das eigentlich keine große Sache ist, und wenn ich mit anpacke, sind die Legos in Null komma nichts in der Kiste. Aber aus Sicht der Kinder scheint dieser Berg unbezwingbar.

Oft vergesse ich, dass es eine noch höhere Perspektive als meine gibt, und halte *meine* Sicht auf die Dinge für die Realität. Dann sitze ich vor einem unüberwindbaren Berg und glaube, es geht nicht weiter, weil ich nur noch den Berg sehe und sonst nichts mehr. Meine Gedanken kreisen den ganzen Tag darum, ich kann mich gar nicht richtig auf meine Aufgaben konzentrieren und die Freude ist weg. Der Anruf aus der Schule, die Sorge um das defekte Auto oder die unsichere Arbeitsstelle meines Mannes, das Schneckenhaus, in das sich eines der Kinder immer wieder verkriecht und die Tür hinter sich zuschlägt … Doch Gott schaut aus einer anderen Perspektive auf mein Leben und für ihn ist dieser Berg gar nicht unüberwindbar. Er kann ihn mit einem Handgriff beiseiteschieben.

Auch sind die Dinge, die mir oft so wichtig erscheinen – Ordnung, Sauberkeit, Tischmanieren –, für ihn zweitrangig. Auf seiner Prioritätenliste stehen Frieden und Freundlichkeit in unserem Zuhause. Gott setzt andere Maßstäbe, denn er sieht immer das ganze Bild. Deshalb ist seine Perspektive auf das Leben auch die richtige. Und deshalb dürfen wir wie Kinder darauf vertrauen, dass er da ist und zu seiner Zeit die Berge wegräumt, die für uns zu hoch sind.

COAL

Schöner wohnen

GOTT SEI DANK ... DER DURCH UNS AN ALLEN ORTEN DEN DUFT VON DER ERKENNTNIS DES CHRISTUS VERBREITET. DENN WIR SIND EIN WOHLGERUCH VON CHRISTUS.

2. KORINTHER 2,14-15

Aus einem Haus ein Zuhause machen, diese wunderbare Aufgabe fällt in der Hauptsache uns Mamis zu. Und ich liebe sie. Mir macht es solche Freude, unser Zuhause gemütlich und schön einzurichten. Mit Bildern an den Wänden, hübschen Sofakissen, Blumen und natürlich Kerzen. Ich liebe schöne Dinge, sie erfreuen einfach mein Herz und schaffen eine freundliche Atmosphäre. Genau aus diesem Grund hat Gott ja auch all die schönen Dinge in der Natur geschaffen. Wenn ich allein an die vielen unterschiedlichen Blumenarten denke, von denen jede anders aussieht und anders duftet … Schönheit ist etwas, das Gott in seine Schöpfung gelegt hat, um uns einen Raum zu schaffen, in dem wir uns wohlfühlen und innerlich auftanken können. Doch es gibt Dinge, die die Wirkung dieser schönen Umgebung beeinträchtigen können: ein Haufen Abfall im Blumenbeet zum Beispiel. Wir können uns dann nicht mehr ungestört an den Blumen freuen, weil der Unrat so eine eklige Stimmung verbreitet.

Wir dürfen unser Haus in eine Umgebung verwandeln, in der andere sich wohlfühlen und auftanken können. Mit einer geschmackvollen Einrichtung, hübscher Deko und Blumen auf dem Tisch. Doch wir selbst sind auch ein Teil dieser Umgebung. Und unsere Stimmung hat auf unsere Mitmenschen eine mindestens genauso große Auswirkung wie unsere harmonisch abgestimmte Wohnungseinrichtung. Selbst wenn es bei uns zu Hause aussieht wie in einem Katalog, kann sich niemand an all dem Schönen freuen, wenn wir mittendrin Missmut und Unzufriedenheit verbreiten. Deshalb müssen wir uns auch um unsere Herzenseinrichtung kümmern, dass auch dort Schönheit und Harmonie herrschen. Wo immer wir Menschen begegnen, sind wir ein Teil ihrer Umgebung. Mit unserer Ausstrahlung üben wir eine Wirkung auf die Menschen um uns herum aus. Verbreiten wir Freude, Zuversicht und Gottvertrauen? Oder sind wir eher wie ein Misthaufen, der missmutig stinkend alles Schöne um sich herum in den Hintergrund drängt, weil wir gerade schlechte Laune haben oder uns über etwas ärgern? Lasst uns ein Wohlgeruch sein, der Freude und Zuversicht verbreitet und auf Jesus hinweist.

Gedankenspaziergänge

DENKE ÜBER DAS NACH, WAS WAHR, WAS ANSTÄNDIG UND GERECHT IST! RICHTE DEINE GEDANKEN AUF DAS REINE, LIEBENSWERTE UND BEWUNDERNSWÜRDIGE; AUF ALLES, WAS AUSZEICHNUNG UND LOB VERDIENT! ... DANN WIRD DER GOTT DES FRIEDENS MIT DIR SEIN.

PHILIPPER 4,8

Denken ist wie Atmen. Es geschieht nahezu von selbst und das ganz nebenbei. Während ich Gurken klein schneide, die schmutzige Wäsche in die Maschine stopfe, mein verzweifeltes Trotzköpfchen tröste oder ganz entspannt meinen Kaffee trinke, laufen die Gedanken immer nebenher weiter. Und sie sind ausschlaggebend dafür, wie ich mich fühle und wie ich meinem Mann, meinen Kindern und allen Menschen um mich herum begegne. Der Vers aus dem Brief an die Philipper zeigt uns, wie wichtig es Gott ist, dass wir positiv denken. Wir Menschen sind ja so gestrickt, dass wir oft nur das Schlechte sehen und uns über das ärgern, was nicht so gut läuft. Deshalb hat es mich so beeindruckt, wie ausführlich Gott das Gute, über das wir nachdenken sollen, beschreibt.

»Denke über das nach, was wahr, anständig und gerecht ist.« Wie oft kreisen meine Gedanken und auch meine Gespräche um Dinge, die eigentlich gar nicht wahr sind? Natürlich keine groben Lügen, aber vielleicht Vermutungen oder Gerüchte? Die sind in den meisten Fällen nämlich auch weder wahr noch anständig und gerecht. Dafür verbreiten sie schlechte Gefühle, aus denen heraus noch mehr schlechte Gedanken kommen. Wenn wir uns darauf besinnen, was wahr und gerecht ist, hat der Teufel viel weniger Spielraum, uns müde und unzufrieden zu machen. Und wir schaffen in unseren Herzen Platz für die Liebe Gottes, die von uns auf andere überfließt.

Richte deine Gedanken auf das Reine, Liebenswerte und Bewundernswürdige; auf alles, was Auszeichnung und Lob verdient! Im Alltags-Chaos zwischen schmutzigem Geschirr, streitenden Kindern und vollen Windeln etwas Bewundernswürdiges zu entdecken, ist gar nicht so einfach. Gerade deshalb ist es ja so wichtig, unseren Blick darin zu schulen, genau in diesen Situationen immer noch etwas Liebenswertes zu finden. Unser Leben ist voll von Gottes Segnungen und es ist eine Taktik des Teufels, uns mit den schlechten Dingen so sehr zu beschäftigen, dass wir keinen Blick mehr für all das Schöne und Gute haben, das Gott uns schenkt. Wir werden undankbar, freudlos und missmutig und empfinden alles als Last. Darum möchte Gott, dass wir unsere Gedanken auf das Gute richten. Wenn wir das tun, werden wir merken, dass der Wäscheberg plötzlich gar nicht mehr so groß, der Streit unter den Kindern gar nicht mehr so wichtig und der Gott des Friedens mit uns ist.

Nimms leicht!

Gelassenheit hält den Körper gesund.

Sprüche 14,30

Gelassenheit – kommt uns im Alltag schnell abhanden, ist aber für uns Mamis überlebensnotwendig. Wenn wir nicht lernen, gelassen zu sein, dann können die Umstände uns ganz schnell überrollen und wir bekommen das Gefühl, dass uns alles zu viel wird. Von der Seite betrachtet ist die Situation, die uns gerade total überfordert, nämlich oft gar nicht so schlimm. Aber unsere mangelnde Gelassenheit versetzt uns in Stress und Aufregung und wir sehen plötzlich nur noch die verschüttete Milch auf den Schulbüchern oder das übergekochte Nudelwasser. Natürlich ist das nicht schön, aber das passiert nun einmal im Alltag, manchmal sogar doppelt und dreifach und genau dann, wenn wir es am wenigsten gebrauchen können. Gerade deshalb ist Gelassenheit so wichtig für uns. Wenn wir uns nämlich aufregen, ändert das überhaupt nichts an der Tatsache, dass die Milch aufgewischt werden muss.

Das Einzige, was uns in unserem oft chaotischen und vor allem unplanmäßigen Mami-Alltag retten kann, ist, uns Gelassenheit anzutrainieren. Ja, man muss das tatsächlich trainieren. Sicher gibt es Frauen, die sich damit nicht so schwertun, aber ich gehöre – dank meines Temperamentes – leider nicht dazu. Mir hilft es immer ungemein, mich darauf zu besinnen, dass mein Lospoltern und Schimpfen jetzt gerade gar nichts an der Situation ändert, wenn die Kids zum Beispiel mit Matsch beschmierten Gummistiefeln durch den frisch gewischten Flur laufen. Ganz gleich, wie sehr ich mich darüber aufrege – putzen muss ich trotzdem. Der Matsch bleibt. Nur dass zusätzlich auch noch dicke Luft ist und sich niemand mehr wohlfühlt – ich am allerwenigsten. Wenn ich es aber schaffe, meine Kids ruhig darauf hinzuweisen, dass ich gerade geputzt habe, kann ich auch schon mal erkennen, dass es ihnen wirklich leidtut. Und dass sie das nicht gemacht haben, um mich zu ärgern, sondern weil sie mit ihren Gedanken gerade woanders waren. Und dann fällt mir das Putzen nur noch halb so schwer.

Ein weiterer wichtiger Grund, gelassen zu sein, steht in Prediger 10,4: »Gelassenheit bewahrt vor großen Verfehlungen.« Wie oft sagen wir im Ärger Dinge, die gemein und ungerecht sind und andere verletzen? Auch wenn wir uns nachher entschuldigen – die Narben bleiben trotzdem und können auf lange Frist die Beziehung zu unseren Kindern und unserem Mann kaputt machen. Denn viele Anschuldigungen und Vorwürfe, die wir in solchen Momenten machen, sind unserer emotionalen Verfassung geschuldet und haben mit der Realität oft sehr wenig zu tun.

Deshalb möchte ich dich einladen: Übe es, gelassen zu reagieren, ganz gleich, welche Situation dir begegnet. Stell dir jedes Mal die Frage: »Was kann mein Ärger jetzt an dieser Situation ändern?« Und wenn die Antwort »Nichts« ist, dann lass es einfach. Deine Nerven werden es dir danken – und deine Kinder auch.

TESCO

OLYMPUS-PEN

Momentaufnahmen

Iss dein Brot mit Freude und trink deinen Wein mit frohem Herzen! …
Trage immer freundliche und frische Kleidung und salbe dein Gesicht mit gutem Öl.
Prediger 9,7-8

»Save the Date« steht auf der Karte mit den zwei glücklich lächelnden Menschen darauf. Ich freu mich auf diesen besonderen Tag, an dem die Küchenschürze gegen ein schickes Kleid getauscht wird, es gutes Essen gibt und die Liebe gefeiert wird. Dieses Hochzeitsfest wird bestimmt das Highlight des Sommers.

Unser Fotoalbum ist voll von solchen Highlights. Geburtstagsfeiern, die Einschulung des Großen, der Ausflug in den Zoo, die ersten Schritte der kleinen Maus, der letzte Urlaub am Meer. Und es kann schnell passieren, dass wir uns nur noch an solchen besonderen Momenten entlanghangeln und von einem Event zum nächsten leben. Am Montag können wir kaum das nächste Wochenende abwarten, zwei Tage nach Schulbeginn sehnen wir schon die nächsten Ferien herbei, kaum sind die Koffer ausgepackt, wünschen wir uns, die Tage bis zum nächsten Urlaub würden wie im Flug vergehen. Wir konzentrieren uns auf das nächste große Ereignis und stöhnen über die Stunden, Tage, Wochen, die bis dahin noch vergehen müssen. Wenn es nur schon so weit wäre. Wenn nur endlich alle Zähne durch wären … Wenn nur die Trotzphase endlich vorbei wäre … Wenn nur der Ärger mit dem Teenie endlich ein Ende hätte … Und irgendwann wundern wir uns dann, wo die Zeit geblieben ist, weil die Kids plötzlich schon groß sind. Was war eigentlich mit den vielen Wochen und Monaten, die ganz ohne Glanz und Gloria verstrichen sind? Dann stellst du plötzlich fest, dass das schöne Kleid, das du dir für einen außergewöhnlichen Anlass aufgehoben hast, noch ungetragen ganz hinten in deinem Schrank hängt und dir gar nicht mehr passt und dass die teuren Pralinen, die du für einen besonderen Abend beiseitegelegt hast, schon längst abgelaufen sind.

Heute ist der Tag. Heute sollst du dich freuen und fröhlich sein (Psalm 118,24). Dieser Tag darf zu einem Highlight werden so wie gestern und morgen auch, denn Gott hat ihn dir geschenkt. Lass dich nicht dazu verleiten, die kleinen Freuden in deinem Alltag zu übersehen, nur weil du auf die große Freude wartest. Zieh heute doch einfach mal das hübsche Kleid an, das du normalerweise nur zu besonderen Anlässen trägst, und steck dir die Haare hoch. Back den Kuchen, den es eigentlich nur sonntags gibt, und gönn dir einen Strauß Blumen aus dem Laden, auch wenn du weder auf Gäste wartest noch Geburtstag hast. Freu dich an deinen Kindern: an dem Duft des Babys, während es sich zahnend an dich schmiegt; an den funkelnden Augen deines Vorschulkindes, wenn es sich über einen gelungenen Scherz freut; an der Kreativität deines Teenies. Freu dich an deinem Alltag, an dem Duft von frischem Brot und sauberer Wäsche, an deinem vollen Vorratsschrank und deiner Lieblingsteekanne. Koste jeden Augenblick, den Gott dir schenkt, bewusst aus, denn er ist kostbar, ganz gleich, ob er alltäglich oder feierlich ist. Save the Date: heute.

Vom Säen und Ernten

Gewöhne den Jungen an seinen Weg, dann bleibt er auch im Alter dabei.

Sprüche 22,6

Gott hat Zeit. Er handelt nicht überstürzt. Und Reflexreaktionen sind ihm fremd. Sein Vorgehen ist wohlüberlegt; niemals von Eile getrieben. Er hat Zeit, oft sehr zum Leidwesen von uns ungeduldigen Menschen. Und doch ist das letztendlich unser Glück. Denn was wäre, wenn Gott gleich Feuer vom Himmel fallen ließe, weil ihm etwas nicht gefällt? Dann wäre es wohl ziemlich schnell um uns geschehen.

Gott hat Zeit. Diese Tatsache findet sich auch in einem Prinzip wieder, das er in unser Leben gelegt hat. Sehr oft spricht er davon, dass der Mensch einmal ernten wird, was er gesät hat, sei es Gutes oder Böses, Unheil oder Segen. Er gebraucht ganz bewusst das Bild von Saat und Ernte. Bei ihm geht es nicht nach dem Motto: Wie man in den Wald hineinruft, so schallt es heraus. Da wird man sofort mit dem Ergebnis konfrontiert. Bei Gott ist das anders, denn zwischen dem Zeitpunkt der Aussaat und dem der Ernte liegt eine lange Zeit, vielleicht ein sehr heißer Sommer, manchmal ein ganzes Leben. Uns fehlt schnell die Geduld, wirklich bis zur Ernte zu warten. Dann stehen wir im Garten und ärgern uns, dass das, was wir vorgestern ausgesät haben, noch keine Früchte trägt, ja noch nicht einmal zu sehen ist. Und schnell denken wir dann, unsere ganze Aussaat sei umsonst gewesen.

Auch im Umgang mit meinen Kindern kommt es mir oft so vor, als wäre so vieles umsonst, als würden all meine Bemühungen, Gutes auszusäen, doch nicht von Erfolg gekrönt sein. Ich sehe so wenig davon wirklich aufgehen. Von Früchten ganz zu schweigen. Viel eher hat es den Anschein, dass das Unkraut, das ich nicht gesät habe, schneller und besser wächst und ich nur noch mit Jäten beschäftigt bin.

Wenn es dir auch so geht, möchte ich dir Mut machen: Das ist vollkommen normal. Gott hat nirgendwo gesagt, dass ich das, was ich heute säe, auf jeden Fall *morgen* ernten kann. Aber er hat versprochen, dass es *irgendwann einmal* reif ist. Und das gilt auch in der Kindererziehung, das wird aus dem Vers oben ganz deutlich erkennbar: Was ich in mein Kind in jungen Jahren säe, wird im Alter zu sehen sein. Ich weiß, das sind keine besonders ermutigenden Aussichten, den ganzen Sommer der Kindheit damit zu verbringen, Unkraut zu jäten und grüne Spitzen zu gießen, anstatt sich über reife Früchte zu freuen. Aber auch hier hat Gott andere Maßstäbe. Und zu seiner Zeit dürfen wir das genießen, was wir heute, morgen und übermorgen säen.

Chefsache

... IHR HABT NICHTS, WEIL IHR NICHT DARUM BITTET.

JAKOBUS 4,2

Der Tag hatte es mal wieder in sich. Unzählige Diskussionen mit einem vollkommen uneinsichtigen Zehnjährigen, unnötige Streitereien zwischen den Kindern und endlose Debatten darüber, wer jetzt schuld ist. Ich bin abgekämpft. Erschöpft vom ganzen Reden und davon, dass es überhaupt nichts zu nützen scheint. So müde, dass diese Sorge mir jetzt groß genug erscheint, um sie vor Gott zu bringen und ihn darum zu bitten, dass er an den Kinderherzen arbeitet.

Am nächsten Morgen bin ich erstaunt, wie friedlich die Kids sind; wie ausgewechselt. Seit Wochen rede ich mir den Mund fusselig und nun haben sich die Dinge einfach so in Luft aufgelöst. Hätte ich doch diese ganze Sache viel früher in Gottes Hand gelegt, dann hätte ich mir viel Kummer erspart.

Wie oft habe ich das schon erlebt, dass ich mich mit alltäglichen Dingen gequält habe, die mir scheinbar zu klein schienen, als dass sie in Gottes Zuständigkeitsbereich fallen würden. Jungs, die dauernd streiten. Ein Baby, das weint, sobald ich es ablege. Meine Dreijährige, die nicht in ihrem Bett schlafen möchte. Ein dringend benötigter Parkplatz, den ich einfach nicht finde. Lauter Nebensächlichkeiten, die aber in der Summe ganz schön kräftezehrend sein können.

Gott möchte uns in all diesen Herausforderungen unseres Alltags helfen. Für ihn ist nichts zu unbedeutend. Wenn wir ihm unsere Sorgen bringen, dann können wir erleben, dass genau da, wo wir ihn brauchen, ein Parkplatz frei wird, dass sich das Baby doch auf einmal ablegen lässt und weiterschläft und dass mein kleines Mädchen plötzlich ganz selbstverständlich in sein eigenes Bett krabbelt – einfach nur, weil ich Gott endlich darum gebeten habe. »Ihr habt nichts, weil ihr nicht darum bittet.« Das trifft auf so viele kleine Situationen in unserem Alltag zu, die wir mit Gottes Hilfe viel kraftvoller und würdevoller meistern würden. Und in denen wir kläglich versagen, weil wir ihn nicht um Hilfe bitten.

Ich möchte dir heute zusprechen: Dein Alltag ist Chefsache. Der große Gott fühlt sich persönlich dafür zuständig, weil du sein Kind bist. Doch er drängt seine Hilfe niemandem auf, der meint, allein zurechtzukommen. Er hilft denen, die ihn darum bitten. Lass ihn in deinen Alltag und erlebe, wie er Lösungen schafft und Wege ebnet, wo du es niemals für möglich gehalten hättest. Erwarte Großes von ihm in den kleinsten Alltäglichkeiten und dein Tag wird voller kleiner und großer Wunder sein.

Lebenskünstler

Ich habe gelernt, mit dem zufrieden zu sein, was ich habe.

Philipper 4,11

Wäre schön, oder? Unzufriedenheit kann einem das Leben nämlich ganz schön versauern und einen schnell bitter werden lassen. Aber mit *allem* zufrieden sein? Dafür müsste sich erst mal einiges in meinem Leben ändern. Die unruhigen Nächte zum Beispiel. Oder unser Auto, das nicht immer so zuverlässig ist, wie ich es mir wünschen würde. Oder unser Kontostand. Und wenn ich nur endlich wenigstens mal ein paar Minuten für mich hätte … ja, dann könnte ich schon zufrieden sein. Zumindest so lange, bis mir wieder etwas einfällt, das eigentlich noch besser sein könnte.

»Ich habe gelernt, mit dem zufrieden zu sein, was ich habe.« Wahrscheinlich hatte die Person, von der diese Aussage stammt, einfach ein perfektes Leben ohne Herausforderungen und Probleme. Vielleicht stammt sie von einem Hirtenjungen, der den ganzen Tag nur Harfe spielen konnte, während er seinen Schafen zuschaute, die idyllisch auf der Weide grasten. Vielleicht auch von einer Prophetin, die ihre ganze Lebenszeit in der Gegenwart Gottes, im Tempel, verbringen durfte und nicht mit Alltagssorgen in Berührung kam. Aber ganz bestimmt nicht von einer Mama mit schlaflosen Nächten und kräftezehrenden Tagen.

Tatsächlich war diese Person mit herausfordernden Situationen bestens vertraut. Der Verfasser saß nicht immer an einem liebevoll gedeckten Frühstückstisch, sondern stand auch mal vor einem leeren Kühlschrank. Im Folgevers schreibt er: »Ich kann in Armut leben und mit Überfluss umgehen. Ich bin mit allem vertraut. Ich weiß, wie es ist, satt zu sein oder zu hungern; ich kenne Überfluss und Mangel.« Auch wenn ich noch nie richtig gehungert habe, weiß ich doch, wie es ist, Mangel zu haben. Mangel an Schlaf, Mangel an Zeit zum Durchatmen, Mangel an Dingen, die mir Freude machen und die nicht nur dazu dienen, den Alltag irgendwie zu bewältigen.

Und das sind ganz sicher nicht die Augenblicke in meinem Mama-Leben, in denen ich mich zurücklehne und denke *Mensch, was bin ich zufrieden, so, wie es gerade ist*.

Ich glaube ganz sicher, dass es Paulus (von dem diese Aussage stammt) anfangs auch nicht anders ging. Denn er sagt selbst, dass er es *gelernt* hat, zufrieden zu sein. Dieser kurze Satz beinhaltet gleich zwei Wahrheiten: erstens, dass Zufriedenheit nichts ist, was man irgendwann besitzt, wenn das Leben eben perfekt genug ist, sondern etwas, das man erlernen muss. Und zweitens, dass man Zufriedenheit tatsächlich lernen kann.

Dass man nicht von selbst irgendwann zufrieden ist, dürfte wohl jedem von uns klar sein, wenn wir einmal ehrlich zu uns selbst sind. Wie oft schon haben wir gedacht: *Wenn ich nur dies oder jenes hätte, dann wäre ich zufrieden*? Aber so ist das mit der Zufriedenheit nicht, sondern eher nach dem Sprichwort »Je mehr er hat, je mehr er will, nie schweigen seine Klagen still«. Und genau deshalb kommt Zufriedenheit nicht von selbst, sondern wir müssen uns für sie entscheiden. Glücklicherweise verrät Paulus uns gleich im nächsten Vers, wie er es schafft, mit allen Umständen, die ihm begegnen, zufrieden zu sein. »Durch den, der mich stark macht, kann ich in allem bestehen.« Er hat auf Jesus geschaut, nicht auf die Umstände. Und das hat ihm gleichbleibenden Frieden gegeben, der nicht im Augenblick begründet war. Das hat ihn zu einem zufriedenen Menschen gemacht.

Genau diese Möglichkeit hast du auch, liebe Mama. Hör auf, an den Umständen zu basteln und auf bessere Zeiten zu hoffen, um ein zufriedenes Herz zu haben. Versuche nicht, deinen Alltag mit eigener Kraft zu meistern. Jesus möchte dich stark machen und dein Herz mitten in deinem Alltag, zu dem Unordnung und Schlafmangel gehören, zufrieden und fröhlich machen.

Kaffeeklatsch und Tortentheater

VERGESST NICHT, GASTFREUNDSCHAFT ZU ÜBEN.

HEBRÄER 13,2

Es herrscht Hektik in unserem Haus. Schnell noch einmal mit dem Staubsauger durch die Wohnung wirbeln und die vom Baby verteilten Schuhe wieder einsammeln. Irgendwie muss doch Ordnung ins Chaos kommen. Im Wohnzimmer werden schon wieder die Bausteine aus der Kiste geräumt. Na ja, dann ist das eben so. Ich hole die Tischdecke, Servietten und das gute Geschirr aus dem Schrank und decke den Tisch. Gut, das Essen ist auch so weit am Start, bleibt nur zu hoffen, dass es auch schmeckt. Jetzt noch schnell umziehen und drei Bürstenstriche durch die Haare machen. Mein Blick streift prüfend durch die Wohnung. Der Esstisch sieht ansprechend aus, die Kerzen brennen, alle Kissen sind ordentlich auf dem Sofa platziert, die Schuhe im Flur stehen in Reih und Glied. Klingt nach einem Theaterstück? Nein, wir bekommen Besuch.

Es klingelt, man öffnet strahlend die Tür und heißt die Gäste herzlich willkommen. Am Tisch in geselliger Runde reicht man lächelnd Schüsseln und Getränke herum und redet über das Wetter, den Urlaub oder das Weltgeschehen. Hoffentlich merkt niemand, dass ich eigentlich müde bin. Hoffentlich benehmen sich die Kids angemessen. Hoffentlich ist der Abend bald vorbei.

Es ist ein Theaterstück. Man spielt eine perfekte Familie in einem perfekten Zuhause mit perfektem Essen und einem perfekten Leben. Meine Rolle: die perfekte Gastgeberin, die lächelnd ihren Haushalt wuppt und mit Leichtigkeit ein Drei-Gänge-Menü auf den Tisch zaubert. So ein Theater ist anstrengend, vor allem, wenn man noch müde von der letzten Nacht ist und man sich kaum noch daran erinnern kann, wann man mal ein paar Stunden am Stück geschlafen hat. Jedenfalls ist es keine Bereicherung. Und deshalb habe ich mich immer gefragt, warum Gott uns so oft dazu auffordert, dieses Theater zu spielen. Denn eigentlich ist das, was Gott von mir möchte, für mich ein Segen. Doch mit Besuch verbinde ich eher Stress und einen Berg zusätzliche Arbeit, weshalb ich mir vorher dreimal überlege, ob ich überhaupt genug Energie dafür aufbringen kann.

Ganz sicher hat Gott etwas anderes im Sinn, wenn er von Gastfreundschaft spricht. »Nehmt Anteil an den Nöten der Gläubigen und helft ihnen! Bemüht euch um Gastfreundschaft!« (Römer 12,13) Wir sollen also Menschen in unser Zuhause einladen, um Anteil an ihren Nöten zu nehmen und ihnen zu helfen. Doch wenn ich meinen Gästen nur in meiner Rolle als perfekte Mutter, Ehefrau und Gastgeberin begegne, werden auch sie nur ihre Rolle spielen. Das ist Theater, nicht das echte Leben. In einer solchen Atmosphäre spricht man nicht die eigenen Nöte aus und echte Anteilnahme ist auch nicht möglich.

Gastfreundschaft bedeutet, Menschen in mein Leben, in meinen Alltag einzuladen. Mein Inneres mit ihnen zu teilen, mich auch verletzlich zu machen, weil eben nicht alles perfekt ist. Aber das ist o.k. Denn ich habe gelernt, dass mein Wert nicht davon abhängt, wie gut ich meinen Haushalt im Griff habe und wie sauber und ordentlich es in unseren vier Wänden ist. Mein Wert leitet sich allein von Jesus ab. Und deshalb muss ich nicht perfekt sein und auch nicht für Gäste in eine Perfekte-Hausfrau-Rolle schlüpfen und den neuesten Torten-Trend servieren. Gastfreundschaft bedeutet, dass andere in mein Zuhause kommen, in dem mein Geschirr Macken hat und es Apfelstrudel aus der Tiefkühltruhe gibt, weil ich einfach zu müde zum Backen war. Gastfreundschaft bedeutet, an meinem Küchentisch dem anderen so zu begegnen, wie ich wirklich bin, und ihn einzuladen, ebenso er selbst zu sein. Offen und ehrlich Nöte und Freuden zu teilen. Miteinander zu lachen und zu weinen. Dann bedarf es auch vorher keiner nervenraubenden Generalüberholung der ganzen Wohnung. Dann muss ich auch nicht in Stress verfallen, wenn plötzlich jemand unangemeldet vor der Tür steht. Dann kann Gastfreundschaft für mich und andere ein Segen und eine Bereicherung sein.

Ein Blech voller Segen

WIR MÜSSEN UNS DOCH GEGENSEITIG ERMUTIGEN, UND DAS UMSO MEHR, JE NÄHER IHR DEN TAG HERANRÜCKEN SEHT, AN DEM DER HERR KOMMT.

HEBRÄER 10,25

Wenn ich diesen Vers lese, muss ich an Pizza denken. Ich finde nämlich, dass man andere gut ermutigen kann, wenn man ihnen ein Blech Pizza backt. Das klingt zwar sehr alltäglich und vielleicht denkst du bei dem Vers aus Hebräer 10 eher an eine geistliche Übung wie ein gemeinsames Gebet oder einen vollmächtigen Zuspruch im Namen Gottes. Aber ich glaube, dass auch das eine geistliche Übung sein kann, wenn wir jemanden zu einer selbst gemachten Pizza einladen.

Erstens hat Jesus selbst gesagt, dass wir alles, was wir für einen seiner Brüder tun, für ihn tun. Und da geht es sogar nur um ein Glas Wasser. Und zweitens macht Gott selbst seinen Kindern auch manchmal etwas zu essen, wenn sie mutlos sind, weil er weiß, wie sehr sich ein gutes Essen auf unseren Gemütszustand auswirken kann. Zum Beispiel lädt Jesus seine entmutigten Jünger, die enttäuscht wieder in ihren alten Job zurückgekehrt sind, zum Frühstück ein. Er sucht sie dort am See Tiberias auf, macht ein Feuer, brät Fisch, backt Fladenbrote und sagt: »Kommt her und frühstückt!« (Johannes 21,9) Er wusste genau, was sie in diesem Moment brauchten. Nicht viele Worte und Belehrung, sondern eine gute Mahlzeit.

Oder kennst du die Geschichte, als Elia total mutlos und seines Lebens müde in die Wüste geht und am liebsten sterben will? (1. Könige 17) Auch da kommt Gott einfach zu ihm und bringt ihm etwas zu essen. Er könnte ihn ja auch nur an die großen Wunder erinnern, die Elia kurz zuvor mit ihm erlebt hat. Aber in diesem Moment braucht Elia etwas anderes. Hättest du gedacht, dass so etwas Alltägliches wie ein Essen eine göttliche Ermutigung sein kann?

Denk doch einmal darüber nach, wer in

deinem Umfeld so eine Stärkung gut gebrauchen kann, vielleicht ein Blech Pizza, warme Zimtschnecken oder einfach ein frisches, duftendes Brot. Denn es ist unsere Pflicht, einander Mut zu machen. Und für diese Art der Ermutigung brauchen wir noch nicht einmal viel Weisheit oder Vollmacht. Lediglich Mehl, Wasser und Hefe. Und eine große Portion Liebe.

VON DER Liebe BESTIMMT.

Frühjahrsputz

ICH FREUE MICH SEHR IN DEM HERRN UND MEINE SEELE IST FRÖHLICH IN MEINEM GOTT; DENN ER HAT MIR KLEIDER DES HEILS ANGEZOGEN UND MICH MIT DEM MANTEL DER GERECHTIGKEIT BEKLEIDET.

JESAJA 61,10

Wenn die Tage wieder länger werden, die Vögel zu singen anfangen und die ersten Blumen ihre Köpfe aus der Erde strecken, packt mich jedes Jahr die Putzlaune. Die Natur erwacht aus der grauen Winterstarre und alles füllt sich wieder mit Leben. Und auch mir ist danach, mich vom Staub und Gerümpel der letzten Monate zu befreien. Und so putze ich die Fenster, wasche Gardinen, wische Staub und räume gründlich auf; auch in den Ecken, die ich sonst gerne übersehe. Ich staune jedes Jahr neu, wie alles plötzlich viel heller ist ohne den Staub und die Unordnung, die sich den Winter über breitgemacht haben. Als Nächstes geht es meinen Schränken und Schubladen an den Kragen. Alles wird einmal ausgeleert und durchsortiert. Und was übrig bleibt, wird wieder ordentlich eingeräumt. *Wie viel Unnötiges sich da wieder angesammelt hat*, denke ich dann. Es hat etwas Befreiendes und man bekommt das Gefühl, wieder tief durchatmen zu können. Sogar ein paar Kilo leichter fühlt man sich, wenn man sich von unnötigem Kram befreit hat.

Auch unser geistliches Leben braucht hin und wieder einen Frühjahrsputz. Im Laufe unseres Lebens häufen sich so viele Dinge an, die wir bewusst oder unbewusst übernehmen, die aber eigentlich nur unnötiger Ballast sind. Das können zum Beispiel Ansprüche sein, die wir an uns und andere haben, falsche Vorstellungen davon, wie ein Leben als Kind Gottes auszusehen hat, oder unser Gottesbild und unser Verständnis von Gnade und dem Evangelium. Manches davon haben wir möglicherweise schon in die Wiege gelegt bekommen und schleppen es seit Kindheitstagen mit uns herum. Vielleicht stapeln sich in unserem Kleiderschrank – neben den von Gott geschenkten Kleidern des Heils und dem Mantel seiner

Gerechtigkeit – die selbst gestrickten Pullover unserer eigenen Rechtgläubigkeit. Deshalb ist es so wichtig, auch geistlich regelmäßig zu entrümpeln, uns zu hinterfragen und immer wieder allein auf Gottes Wort auszurichten. Denn alles, was darüber hinausgeht, auch wenn es noch so fromm aussieht, ist einfach überflüssiger Krempel, der uns beschwert und uns die Freude an Gott und unserer Erlösung wegnimmt. Es sind häufig gerade diese unnötigen Dinge, die so viel von unserer Kapazität in Anspruch nehmen, dass für die wirklich wichtigen Dinge, auf die Gott Wert legt, gar kein Platz mehr ist.

Ich möchte dich ermutigen zu entrümpeln! Scheu dich nicht, jeden Aspekt deines Glaubens wie einen Gegenstand in die Hand zu nehmen und ihn ins Licht des Wortes Gottes zu halten. Und alles, was du dort nicht wiederfindest, solltest du getrost entsorgen, anstatt es mit dir herumzuschleppen. Dann kannst du durchatmen und als ein befreites, fröhliches Kind Gottes leben.

Du sollst fliegen

In seiner göttlichen Macht hat er uns alles geschenkt, was wir zu einem Leben in liebevoller Ehrfurcht vor Gott brauchen. … Er hat versprochen, dass ihr Anteil an seiner göttlichen Natur bekommt.

2. Petrus 1,3-4

Wieder war er kurz vorm Zerreißen. Und dann war es so weit: Mit einem lauten Knall und viel Geschrei passierte es: Mir riss der Geduldsfaden. Ich bin enttäuscht von mir und frustriert, dass ich schon wieder an meinen eigenen Idealen gescheitert bin. Ich wollte doch freundlich sein. Und liebevoll. Ich wollte meinen Kindern so begegnen, wie Jesus das auch tun würde. Und nun das. Die letzte Auseinandersetzung mit meinem Großen hat das Fass dann zum Überlaufen gebracht und heraus sprudelten Lieblosigkeit und Bitterkeit. Warum ist das Ende meiner Kräfte immer so unrühmlich, verbunden mit Unsegen und Unfrieden? Warum schaffe ich es nicht, geduldig und freundlich zu bleiben, obwohl ich doch ganz genau weiß, dass das der richtige Weg ist?

Liegt es daran, dass ich mich um mich selbst drehe, um *meine* Kräfte, *meine* Ideale, *meinen* Geduldsfaden und um das, was *ich* schaffe? Ja, ich glaube, genau das ist mein Problem. Gott hat mir *alles* geschenkt, was ich zu einem Leben in Ehrfurcht vor ihm brauche, nicht nur ein bisschen, und den Rest muss ich dann selbst schaffen. Sein Geschenk beinhaltet alles! Und er hat mir auch versprochen, mir Anteil an seiner göttlichen Natur zu geben, an seiner Liebe, Freundlichkeit und Geduld. Doch ich möchte nichts geschenkt bekommen. Ich versuche lieber Tag für Tag, mir diese göttliche Natur selbst anzutrainieren. Mit dem Ergebnis, dass ich kläglich scheitere. So wie die pummelige, haarige Raupe, die verzweifelt versucht, in die Luft zu hüpfen, weil sie meint, sie würde so zum Schmetterling.

Gott möchte uns beschenken. Doch dazu müssen wir auch unsere Hand auftun und seine Gabe annehmen. Wir müssen uns selbst loslassen, uns eingestehen, dass wir dieses Geschenk seiner Gnade wirklich nötig haben. Dass wir aus uns selbst heraus kein Leben in Ehrfurcht vor ihm führen können. Dann kommen wir vor ihm zur Ruhe, weil wir wissen, dass er es ist, der in uns sein Wesen schafft. Wenn wir das zulassen, werden wir erleben, wie in all unserem Reden und Handeln mit der Zeit immer mehr von Jesus und immer weniger von uns durchkommt und sein göttliches Wesen aus uns herausstrahlt. Wie bei der hässlichen Raupe, die sich in einen wunderschönen Schmetterling verwandelt, der mit Leichtigkeit von Blume zu Blume schwebt. Der nicht um jeden Höhenzentimeter kämpft, weil er jetzt einfach fliegen kann.

Gut gewürzt

EURE WORTE SEIEN IMMER FREUNDLICH UND MIT SALZ GEWÜRZT.

KOLOSSER 4,6

Reden ist eine Kunst. Denn unsere Worte haben riesiges Potenzial. Wir können mit unseren Worten ermutigen, aufbauen, segnen, aber auch umgekehrt viel Unheil anrichten und zerstören. Deshalb setzt sich segensreiches Reden aus zwei Bestandteilen zusammen. Als Erstes aus Freundlichkeit. Gott möchte, dass unsere Worte freundlich sind. Und das nicht nur, wenn die Sonne scheint und wir gute Laune haben. Unsere Worte sollen immer freundlich sein ungeachtet der Umstände. Das betrifft neben den Worten, die wir mit der Nachbarin auf der Straße wechseln oder mit Gemeindegliedern nach dem Gottesdienst, zuallererst die Worte, die in meinem Zuhause zu hören sind. Welchen Ton schlage ich an, wenn ich den Großen zum zehnten Mal daran erinnern muss, dass er sein Zimmer aufräumen oder seine Hausaufgaben machen soll? Sind meine Worte auch dann noch freundlich, wenn die Kinder wieder mit nassen Schuhen durchs Haus laufen und im Wohnzimmer meine Lieblingsvase umgekickt wird, obwohl dort das Fußballspielen verboten ist? Aus uns selbst heraus geht das wirklich nicht. Es ist allein Gott, der in uns diese Freundlichkeit bewirken kann, die in ihm begründet ist und nicht in der Situation, in der wir uns gerade befinden.

Als Zweites sollen unsere Worte mit Salz gewürzt sein. Salz hat viele Eigenschaften, ich möchte hier nur auf eine hinweisen: Ohne Salz schmeckt uns das Essen nicht. Egal ob die Kartoffelsuppe von heute Mittag, unser Lieblingsbrot mit den Sonnenblumenkernen oder die Cookies, die wir zum Kaffee naschen. Aber zu viel Salz ist auch ein Problem. Diese Erfahrung hat sicher auch jeder von uns schon gemacht. Wer mit dem Salzstreuer zu großzügig war, braucht sich am Ende nicht darüber zu wundern, dass die Suppe versalzen ist.

Unser Reden ist dazu gedacht, unser Miteinander angenehm zu würzen. Wie das geht, bringt ein anderer Vers ganz gut auf den

Punkt: »Lasst kein hässliches Wort über eure Lippen kommen, sondern habt da, wo es nötig ist, ein gutes Wort, das weiterhilft und allen wohltut.« (Epheser 4,29) Ja, wir sollen reden, aber wohldosiert. Da, wo es nötig ist, weiterhilft und wohltut. Alles, was darüber hinausgeht, ist zu viel des Guten. Es versalzt unser Miteinander und macht es ungenießbar.

Von Wollsocken im Sommer

BIST DU LÄSSIG AM GEWÖHNLICHEN TAG, VERSAGT DEINE KRAFT AUCH IN DER BEDRÄNGNIS.

SPRÜCHE 24,10

Als ich vor ein paar Tagen bei 35 Grad Hitze strickend in meiner Sofaecke saß, fragte mich mein Großer ganz erstaunt: »Bei dieser Hitze strickst du Socken?« Und mir selbst kam es eigentlich auch ein bisschen merkwürdig vor, denn bei diesen Temperaturen hat man irgendwie gar nicht das Gefühl, dass man so warme Wollsocken überhaupt jemals brauchen wird. Typisch Mensch, oder? Wir sind oft emotional nur auf den Augenblick begrenzt und glauben, alles, was sich außerhalb dieser Wahrnehmung befindet, gibt es nicht. Bis wir in eine unerwartete Lebenslage hineingeraten und uns wundern, dass wir gar nicht darauf vorbereitet sind. Und dann sitzen wir im Winter mit kalten Füßen da, weil wir nicht schon im Sommer Socken gestrickt haben.

Schnell passiert es, dass wir in Zeiten, in denen es uns gut geht und alles in unserem Leben glattläuft, unsere Beziehung zu Gott vernachlässigen. Dann kann uns eine schwere Situation ziemlich unvorbereitet treffen. Wenn wir dann erst damit beginnen, den Grund in unserm Leben wieder richtig zu legen, haben wir angesichts der Bedrängnis dafür oft keine Kraft.

Darum sollten wir jeden Tag unseres Lebens, so unbeschwert er auch scheinen mag, dafür nutzen, eine feste und starke Beziehung zu unserem himmlischen Vater zu pflegen. Wenn dann schwere Zeiten kommen, stehen wir auf einem festen Grund und haben unsere Wurzeln zum Wasser hin ausgestreckt. Lasst uns im Sommer vorsorgen, wo alles um uns herum blüht und heiter ist, dann sind wir auch für die härtesten Winterstürme gewappnet.

Spiegelbilder

Wir alle spiegeln mit aufgedecktem Gesicht die Herrlichkeit des Herrn wider.

1. Korinther 3,18

Da ist sie wieder. Diese Frau, der jegliche Fröhlichkeit und Unbeschwertheit fehlt; die missmutig ist und Unzufriedenheit ausstrahlt; die unfreundlich und ungeduldig mit ihren Kindern umgeht; die lustlos die Töpfe vom Mittagessen schrubbt und voller Selbstmitleid darüber nachdenkt, wie schwer sie es doch hat, während sie die dritte Ladung Wäsche auf die Leine hängt … Da ist sie wieder. Ich frage mich, wo sie bloß wieder aufgetaucht und wie sie hier hereingekommen ist. Denn eigentlich möchte ich sie in meinen eigenen vier Wänden nicht um mich haben. Ihre Anwesenheit ist ein Unsegen und nimmt dem Alltag jede Freude.

Da bin ich wieder, genau diese Frau. Und oft merke ich es nicht einmal, dass ich so bin. Oder es ist mir egal, weil ich gerade das Gefühl habe, dass es mein gutes Recht ist, jetzt schlecht gelaunt zu sein, und dass das die anderen ruhig mitbekommen dürfen. Ich frage mich, warum Werte, die bei mir sonst einen so hohen Stellenwert einnehmen, in solchen Situationen auf einmal nebensächlich sind. Dass es mir plötzlich völlig gleichgültig ist, dass ich gerade lieblos mit meinem Kind geredet habe, obwohl ich doch eigentlich möchte, dass meine Kinder das Wesen von Jesus in mir sehen?

Dir ist sicher auch schon aufgefallen, dass Kinder wie ein Spiegel sind. Sie spiegeln uns wider, unser Verhalten, unser Reden, unser Wesen. Warum? Weil sie die meiste Zeit ihres Lebens in unserer Nähe verbringen. Und wir Mamis sind auch ein Spiegel. Wir spiegeln wider, womit wir uns beschäftigen und was unser Herz erfüllt. Wenn wir uns nur mit uns selbst und unserem Alltag beschäftigen, dann spiegeln wir auch nichts anderes wider als unser natürliches Wesen mit all seinen Ecken und Kanten, mit aller Unzufriedenheit und allen Launen.

Wenn wir aber Jesus vor Augen haben und unseren Alltag bewusst in seiner Gegenwart leben, wenn wir über ihn und sein Wort nachdenken und diese innere Verbundenheit, diese »Standleitung« zu ihm aufrechterhalten, dann spiegelt sich auch sein Wesen in uns wider. Das ist eine Entscheidung, die wir jeden Tag aufs Neue treffen müssen, denn im Alltagstrubel verlieren wir Jesus schnell mal aus dem Blick. Doch wenn wir unseren Alltag bewusst in seiner Gegenwart gestalten, dann strahlen wir Freude und Frieden aus selbst dann, wenn wir müde und erschöpft sind. Wenn ich nur noch auf mich und meinen Alltag fixiert bin und nicht mehr auf Jesus, rutsche ich schnell in ein Verhaltensmuster hinein, das meinen alten, genervten Menschen widerspiegelt. Das habe ich in der Vergangenheit oft bei mir beobachtet.

Ich finde es richtig erleichternd, dass wir nicht aus uns selbst heraus Freundlichkeit, Liebe und Geduld erzwingen müssen. Mit eigener Kraft ist das nämlich ganz schön anstrengend und spätestens dann, wenn die Kräfte durch Schlafmangel oder Zeitdruck nachlassen, ist es damit auch vorbei. Aber wenn wir unser Leben bewusst vor dem Angesicht Gottes leben, dann spiegelt sich sein liebevolles und segnendes Wesen ganz von selbst in uns und strahlt auf unsere Kinder. Wie in 1. Korinther 3,18 so ermutigend steht: »*Wir alle spiegeln mit aufgedecktem Gesicht die Herrlichkeit des Herrn wider, dabei werden wir selbst in sein Bild mit ständig zunehmender Herrlichkeit verwandelt.*« Ist das nicht schön? Jesus verwandelt uns, er macht uns zu Frauen und Müttern nach seinem Herzen, die seine Liebe und seinen Frieden verbreiten, Segen und Ermutigung sind und ihn im Alltag widerspiegeln.

Ich möchte dich ermutigen: Lebe deinen Alltag bewusst vor dem Angesicht Jesu, denke über ihn nach und bleibe mit ihm verbunden. Dann wirst du staunen, mit wie viel Fröhlichkeit man Böden wischen und die Toilette schrubben kann – und wie viel mehr Freude und Segen sich mitten in deinem Alltag ausbreiten.

Volltanken

Wenn jemand anderen dient, soll er es aus der Kraft tun, die Gott ihm schenkt, damit Gott in allem geehrt wird.

1. Petrus 4,11

Gottes Vorrat an Kraft ist unerschöpflich und er bietet jedem an, sich großzügig daran zu bedienen, weil er weiß, dass unsere Kraft oft nicht reicht, um den Alltag zu bewältigen. Das gilt auch für uns Mamas. Gott selbst hat uns eine Familie geschenkt, der wir in seinem Namen dienen dürfen. Aber er weiß auch, wie kräftezehrend das an manchen Tagen sein kann. Deshalb lädt er uns gleich zu Beginn jeden Tages dazu ein, seine Kraft dafür in Anspruch zu nehmen, denn dann geht uns im Laufe des Tages nicht plötzlich die Luft aus.

Wenn wir nach einer halbwegs erholsamen Nacht morgens aufwachen und die Sonne durchs Fenster lacht, kriegen wir schnell das Gefühl, dass wir genug Elan haben, um den gesamten Garten umzugraben und das Wohnzimmer neu zu streichen. Oft reicht aber schon eine kleine Auseinandersetzung mit unseren Kindern und ein umgeschütteter Becher Milch am Frühstückstisch, um uns wieder auf den Boden der kraftlosen Realität zu holen.

Solange es uns gut geht, ist uns häufig nicht bewusst, wie nötig wir die Kraft Gottes haben. Wir denken, wir schaffen das schon. Aber so schnell kann sich das Blatt wenden und uns wird plötzlich alles zu viel. Dann sind wir für alle um uns herum kein Segen mehr. Gott weiß, wie begrenzt unsere Kraft ist, und deshalb möchte er, dass wir bei allem, was wir für unsere Familie und für andere tun, direkt mit seiner Kraft beginnen. Dass wir nicht erst versuchen, aus eigener Kraft alles so gut wie möglich hinzubekommen. Dass wir nicht erst dann zu ihm kommen, wenn wir mit unserem eigenen Antrieb nicht mehr weiterkommen und schon eine Menge Unheil angerichtet haben, weil wir überfordert und gestresst sind.

Er möchte, dass wir seine Kraft gleich von Anfang an nutzen, denn die geht uns nicht auf halber Strecke aus und reicht auch noch für böse Überraschungen und ungeplante Herausforderungen.

Wenn wir so den Tag beginnen, dann werden wir ihn auch im Segen beenden. Und das Ziel des Ganzen ist: Gott wird in allem geehrt! In jedem Brot, das ich heute streiche, und jedem Streit, den ich schlichte. In jedem Legostein, den ich beim Spielen mit den Kindern verbaue, und in jedem Wäscheteil, das ich in die Schränke räume, wird Gott geehrt, weil er es ist, der mich stark macht.

Mitgefühl

Dieser Hohepriester versteht unsere Schwächen,
weil ihm die gleichen Versuchungen begegnet sind wie uns.
Hebräer 4,15

Hast du schon mal darüber nachgedacht, dass Jesus wirklich so richtig Mensch war? Mit einem Alltag, mit Arbeit und Aufgaben, die das Leben mit sich bringt? Auch wenn das zwischen all den Wundern und seinem Wirken in der Bibel selten erwähnt wird, ist es doch so, dass ein Großteil seines Lebens, besonders bevor sein Dienst überhaupt anfing, aus unspektakulärem Alltag und den damit verbundenen Herausforderungen bestand. Das gehörte zu Gottes vollkommenem Erlösungsplan dazu. In Hebräer 2,17-18 lesen wir, dass Jesus uns in allem gleich werden musste, damit er ein barmherziger und treuer Priester vor Gott für uns sein kann. Er musste all den großen und kleinen Hürden des menschlichen Lebens begegnen, damit er uns verstehen und helfen kann. Ich finde es so bewegend, dass der große Gott nicht einfach eine hohe, göttliche Messlatte an uns legt und erwartet, dass wir ihm näherkommen. Nein, er erniedrigt sich selbst und begegnet uns da, wo wir sind, in unserem ganz normalen Alltag, und deshalb weiß er auch, wie wir uns dort fühlen.

Oft ging es ihm da nämlich genauso wie uns Mamis. Er erlebte, wie es ist, müde zu sein und wenig zu schlafen. Auch er hatte meistens viele Menschen um sich, die alle etwas von ihm wollten ohne Rücksicht auf Zeit und Stunde. Ob mitten in der Nacht oder wenn er eigentlich gerade etwas anderes vorhatte. Manchmal war er sogar so müde, dass er einfach ein paar Minuten Ruhe haben wollte und sich zu diesem Zweck zurückzog. Kommt dir das bekannt vor? Und selbst dann machten die Menschen ihn ausfindig und konfrontierten ihn mit ihren Bedürfnissen und Wünschen. Das kommt dir wahrscheinlich auch bekannt vor.

Als er eines Tages von dem Tod Johannes

des Täufers erfuhr, bewegte ihn das so sehr, dass er allein sein wollte. Vielleicht brauchte er einfach Ruhe, um diese Nachricht zu verarbeiten. Aber die Menschen hatten kein Verständnis dafür, sie kamen ihm nach und spürten ihn auf. Und Jesus? Er wurde nicht ärgerlich oder unzufrieden, obwohl er nicht einmal ein paar Minuten zum Durchatmen hatte. In der Bibel steht, dass ihn tiefes Mitleid ergriff und er den Menschen diente, obwohl er selbst gerade Ruhe gebraucht hätte. Deshalb weiß er auch ganz genau, wie es ist, wenn man müde ist und einem die Kräfte ausgehen und man trotzdem weitermachen muss.

Aus diesem Grund dürfen wir uns jederzeit im Gebet an ihn wenden und bei ihm Gnade, Erbarmen und Hilfe empfangen. Weil Jesus als ein barmherziger und treuer Fürsprecher vor dem Thron Gottes für uns eintritt. Auch mit unserem Versagen dürfen wir immer wieder aufrichtig zu ihm kommen und seine Vergebung empfangen und mit seiner Hilfe die Herausforderungen unseres Alltags meistern.

ONE CUP

Jeder Tag ein Fest

EIN FRÖHLICHES HERZ IST EIN TÄGLICHES FEST.

SPRÜCHE 15,15

Der Sonntag ist vorbei, die Gäste sind weg, wir lehnen uns zurück und freuen uns über den schönen Nachmittag. Leckeres Essen, gute Gespräche, ein wunderbares Beisammensein. Nur nicht an den Montag denken, der mit seinem Grau schon auf uns wartet und uns hämisch grinsend daran erinnert, dass die Woche bis zum nächsten Sonntag noch lang ist. Wie schön wäre es, wenn jeder Tag ein Sonntag wäre. Mit Menschen, die wir gernhaben, mit Singen und Lachen.

Jeder Tag ein Fest. Das Rezept dafür steht in der Bibel: »Ein fröhliches Herz ist ein tägliches Fest.« Wir denken da oft anders herum: Wenn jeder Tag ein Fest wäre, dann hätten wir schon ein fröhliches Herz. Die Realität ist aber leider oft recht weit von einem Fest entfernt. Und so drohen wir im Alltagsgrau zu versinken und sind von Fröhlichkeit und Leichtigkeit meilenweit entfernt. Doch so hat sich Gott das nicht vorgestellt. Er möchte uns ein fröhliches Herz schenken, das jeden Tag zu einem Fest werden lässt. Deshalb fordert er uns immer wieder auf: »Freut euch!« Denn er weiß genau, dass diese Freude an ihm unsere Stärke ist, durch die wir unserem Alltag mit sehr viel mehr Zuversicht und Fröhlichkeit begegnen können und uns ihm nicht ausgeliefert fühlen müssen. Doch wie bekommen wir so ein fröhliches Herz, das jeden Tag zu einem Fest werden lässt?

Zuallererst in der Begegnung mit Gott, wenn wir ihn bewusst in unseren Alltag lassen und uns an ihm freuen. Das heißt aber nicht, dass du dich morgens um fünf Uhr aus dem Bett quälst, um eine Stunde Stille Zeit zu haben, bevor deine Kinder wach werden. Natürlich ist das schön, wenn man morgens ungestört Zeit mit Gott verbringen kann. Allerdings sind gerade als Mama mit kleinen Kindern die Nächte oft so unruhig, dass wir am Morgen einfach nicht so früh aus dem Bett kommen. Das muss uns aber nicht davon abhalten, uns an Gott zu freuen. Wir können ihm auch in einem kurzen Gebet begegnen, während wir den Frühstückstisch decken, oder in dem kurzen Psalm, den wir zwischen Wäscheaufhängen und Mittagessenkochen schieben. Es muss gar kein großer Programmpunkt sein, sondern es sind die wiederholten kleinen Begegnungen mit unserem Gott, die unseren Alltag zum Glänzen bringen.

Eine weitere Zutat für ein fröhliches Herz ist die Dankbarkeit. Gott fordert uns immer wieder dazu auf. Eigentlich haben wir ganz viel Grund zum Danken. Nur nehmen wir das viele Gute oft als selbstverständlich hin, während wir angesichts von Schwierigkeiten sehr schnell missmutig werden. Darum ist es wichtig, dass wir uns dafür entscheiden, ein dankbares Herz zu haben und uns darin zu üben, all die kleinen Dinge um uns herum wahrzunehmen, für die wir dankbar sein können, gerade auch an Tagen, an denen wir wirklich unzufrieden über etwas sind.

Gott möchte uns ein fröhliches Herz schenken und unseren Alltag zu einem Fest machen. Und das darf man dann auch ruhig sehen! Das gute Geschirr muss nicht im Schrank warten, bis die nächsten Gäste kommen. Stell es doch mal zum Abendessen nur für deine Lieben hin! Und warum werden Wurst und Käse nur für den Besuch auf einer Platte hübsch angerichtet? Viel mehr Aufwand ist es doch nicht, es für deine Familie auch zu tun, aber es sieht gleich viel liebevoller aus. Außerdem gibt es so manche Dinge, die man einfach mal feiern darf. Sei es der Ferienbeginn, der erste ausgefallene Zahn, die Zwei in Mathe oder dass Papa jetzt Urlaub hat. Das muss auch nicht besonders aufwändig sein. Ein Blech Lieblingspizza, ein paar Kerzen auf dem Tisch und einen Wimpel aufgehängt. Oder zusammen mit den Kids eine Ladung Popcorn selber machen. Lass die Fröhlichkeit, die Gott in dein Herz schenkt, überfließen zu deiner Familie und dein Alltag wird zu einem täglichen Fest!

Glaubenshelden

Wir gehören zu denen, die am Glauben festhalten und das Leben gewinnen.

Hebräer 10,39

Es gibt sie, diese Tage, an denen ich trübsinnig auf dem Sofa sitze. Um mich herum tobt das Chaos und ich fühle mich dem Ganzen hoffnungslos ausgeliefert. Ich bin erschöpft und alleingelassen, jedenfalls kommt es mir so vor. Aber dann erinnere ich mich an die letzten Worte, die Jesus an seine Jünger richtete, bevor er zu seinem Vater ging: »Ich bin bei euch alle Tage bis ans Ende der Welt!« Hat er mich damit auch gemeint? Irgendwie fühlt es sich gerade gar nicht so an, als wäre er da. Alles scheint so trostlos; wenn Gott mir doch mal einen Regenbogen schicken würde so als sichtbares Zeichen dafür, dass er da ist und sich um mich kümmert.

Wenn ich in meiner Bibel von den Glaubenshelden aus Hebräer 11 lese, bin ich beeindruckt. Sie haben wirklich große Dinge mit Gott erlebt. Sara wurde schwanger, obwohl es nach menschlichem Ermessen unmöglich war. Noah und seine Familie wurden in einer Arche als Einzige vor einer schrecklichen Katastrophe gerettet … das sind wirklich großartige Erfahrungen. Kein Wunder, dass das echte Glaubenshelden waren.

Wovon man jedoch nur zwischen den Zeilen liest, ist die lange Zeit des geduldigen Wartens und schlichten Vertrauens, die zwischen der Zusage Gottes und der Erfüllung lag. Nachdem Noah von Gott den Auftrag zum Bau der Arche bekommen hatte, war er jahrelang, vielleicht auch jahrzehntelang Tag für Tag mit diesem Großprojekt beschäftigt. Und das nur auf den einmaligen Befehl Gottes hin. Wir lesen nichts davon, dass Gott ihm jeden Morgen erschien und ihm sagte, er solle weitermachen, es würde sich einmal lohnen. Stell dir mal vor, Noah hätte sich – müde und ausgelaugt von der Arbeit der letzten Jahre – vor die halb fertige Arche gesetzt und auf ein Wunder oder Zeichen Gottes gewartet, nur um noch mal bestätigt zu bekommen, dass er tatsächlich das Richtige tut. Die Arche wäre nicht fertig geworden. Aber weil er auf das einmalig gegebene Wort Gottes vertraute – ungeachtet des Spottes und Unverständnisses, das ihm mit Sicherheit überall begegnete und auch ungeachtet seiner Rückenschmerzen und der Müdigkeit, jeden Tag die gleiche anstrengende Arbeit zu verrichten –, wurde er letztlich gerettet. Weil er sich auf Gottes Aussage verließ und nicht auf das, was er fühlte oder erlebte. Deshalb war er ein Glaubensheld.

Auch wir sollen Glaubenshelden sein. Gerade an den Tagen, an denen wir müde sind und das Gefühl haben, dass Gott von uns so weit entfernt ist wie das Ende unserer To-do-Liste. Vielleicht ist die letzte erfüllende Begegnung mit ihm, das letzte Wunder, das wir erlebt haben, schon lange her. Ja, es gibt diese Zeiten in unserem Leben, in denen wir uns auf das besinnen müssen, was Gott uns in der Vergangenheit gezeigt hat; in denen wir an dem festhalten müssen, was wir schon mit ihm erlebt haben, und an dem, was er uns in seinem Wort sagt. Wenn du also gerade das Gefühl hast, dass Gott sehr weit weg ist, darfst du wissen: Er ist dir trotzdem nah. Besinn dich auf sein Wort und verlass dich – ungeachtet deiner Gefühle – im Glauben auf seine Verheißungen. Sei eine Glaubensheldin!

PSALM 82
Rebuke of Israel's Unjust Judges
A Psalm of Asaph.
PSALM 83

Grenzenloses Leben

Lass dir an meiner Gnade genügen, denn meine Kraft ist in den Schwachen mächtig.

2. Korinther 12,9

Das Baby hat wohl einen Wachstumsschub. Jedenfalls war die letzte Nacht wieder ziemlich kurz und voller Unterbrechungen. Ich merke, wie mir langsam die Energie ausgeht, und frage mich, wie ich die Herausforderungen dieses Tages stemmen soll. Wie gerne halte ich mir an einem solchen Morgen vor Augen, dass Gottes Kraft in den Schwachen mächtig ist. Es tröstet mich, dass ich es gar nicht allein schaffen muss. Gott möchte mir die Kraft geben, die ich heute brauche. Er möchte durch mich stark sein.

Es gibt so viele Situationen in meinem Alltag, in denen ich mich dankbar an diese Worte erinnere: nach schlaflosen Nächten mit kranken Kindern, beim Anblick einer endlos langen To-do-Liste, angesichts voller Wäschekörbe. Wie soll ich das alles hinbekommen mit einem Kleinkind auf dem Arm, das sich partout nicht absetzen lässt? Und doch bedeutet dieses Versprechen Gottes so viel mehr als nur seine Hilfe dabei, die Aufgaben von heute zu erledigen und all den Wünschen und Ansprüchen gerecht zu werden, die andere an mich haben und ich selbst an mich auch. Seine Zusage gilt gerade dann, wenn ich Gottes Maßstäben, die er mir für mein Leben und meinen Alltag setzt, nicht genügen kann. Wenn ich unabhängig von den Umständen freundlich und liebevoll sein, wenn ich klug mit anderen Menschen umgehen sollte – auch mit meinen Kindern. Wenn ich auf meine Worte achten, geduldig und freundlich sein und Frieden stiften sollte. All das ist doch schließlich viel wichtiger als eine abgehakte To-do-Liste, allerdings auch viel schwerer umzusetzen. Doch das Gute ist: Gott möchte gar nicht, dass ich das allein hinkriege.

So oft komme ich an den Punkt, wo es mir nicht mehr danach ist, liebevoll Frieden zu stiften, weil ich gefühlte 137-mal schon den Streit zu schlichten versucht habe. Und dann werde ich laut, verliere die Geduld oder bin einfach ungerecht, weil ich mich gerade nicht gut fühle.

Genau diese Situationen, in denen wir »schwach« sind und aus eigener Kraft nicht das Richtige tun können, lehren uns, aus der Kraft der Gnade zu leben. Diese Kraft fängt dort an, wo ich es selbst nicht schaffe und den Maßstäben Gottes nicht gerecht werde. Und jedes Mal liegt dann die Entscheidung bei mir: Bleibe ich in der Begrenztheit meiner eigenen Möglichkeiten und tröste mich damit, dass ich Gottes Maßstäbe eh nicht erfüllen kann, oder beuge ich mich unter meine Unfähigkeit und nehme die Kraft der Gnade in Anspruch? Wenn ich den Vers aus 2. Korinther 12,9 in die Tat umsetze, kann ich erleben, wie Unmögliches möglich wird, wie meine Grenzen gesprengt werden und Gott mich auf weiten Raum führt – in die Freiheit, zu der er mich berufen hat.

Gott möchte, dass ich die Grenzen meiner eigenen Möglichkeiten sprenge und allein aus seiner Gnade lebe!

Liebenswerter Alltag

Alles, was ihr tut, soll von der Liebe bestimmt sein.

1. Korinther 16,14

Es gibt eine geheimnisvolle Zutat, mit der einfach jedes Essen besser schmeckt, jede Begegnung eine Bereicherung ist und unser Alltag zu einem Fest wird. Das ist die Liebe. Leider gerät diese Zutat im hektischen Alltagstrubel und dem eifrigen Abhaken unserer Aufgaben schnell in Vergessenheit. Und so verwandelt sich der Alltag in etwas Graues, Zweckmäßiges.

Wo die Liebe fehlt, fehlt das Entscheidende. Sie erst verwandelt unser Zuhause in ein Heim. Ich möchte dich dazu einladen, deine Rezepte und deinen Wochenplan noch mal zu überarbeiten und bei allem Tun auf diese Zutat nicht zu verzichten. Fang gleich morgens an, wenn du das Frühstück auf den Tisch stellst. Zünde eine Kerze an und schaffe eine gemütliche Atmosphäre. Wenn du am Abend vorher schon den Teig vorbereitest, kannst du morgens im Handumdrehen frische Hefebrötchen oder Pfannkuchen zaubern. Das wird selbst den größten Morgenmuffel aus den Federn locken. Wenn du die anfallenden Arbeiten im Haus angehst, danke Gott dafür, dass du gesund bist und das alles selbst schaffst. Während du die einzelnen Kleidungsstücke deiner Familie aufhängst, danke ihm für deinen Mann und deine Kinder, die er dir anvertraut hat. Sag ihm Danke, wenn du mit dem Staubsauger sauber machst, dass du ein Heim hast, das du für deine Familie gemütlich und liebevoll herrichten kannst. Lass dein Herz von Liebe und Dankbarkeit erfüllt sein!

Wenn es Zeit zum Kochen ist, überlege, wie du auch hier eine Extraportion Liebe einbringen kannst. Hat dein Sohn heute eine Herausforderung in der Schule zu bewältigen? Dann koch doch heute sein Lieblingsessen. Sag ihm, dass du das extra für ihn getan hast. Seine Welt sieht danach gleich viel heller aus. Und deine auch.

Vergiss am Nachmittag für eine Weile deine To-do-Liste und nimm dir stattdessen Zeit für deine Kleine, um ihr aus ihrem Lieblingsbuch vorzulesen. Wann hast du das zuletzt gemacht? Oder back eine Ladung Waffeln für hungrige Weltentdecker, die gerade draußen die Straße unsicher machen. Oder setz dich mit deinen Kindern um den Küchentisch und trinkt zusammen einen Kakao. Hör ihnen zu, was sie zu erzählen haben, und freu dich an ihnen. Diese Minuten werden dir am Abend nicht fehlen, es ist keine verlorene Zeit, sondern im Gegenteil: An diese Momente werden sich deine Kinder auch dann noch erinnern, wenn sie schon erwachsen sind. Du willst doch mit all diesen schönen gemeinsamen Erlebnissen nicht warten, bis du deine Aufgaben im Haushalt erledigt hast.

Es sind die vielen kleinen Gesten der Liebe, die unserem Alltag die Würze verleihen und ihn zu etwas Besonderem machen können. Du weißt selbst am besten, womit du in deiner Familie die meiste Freude verbreiten kannst.

Es ist eine Herzensentscheidung, vor der wir jeden Tag wieder neu stehen: Lass ich meinen Alltag von der Liebe bestimmen oder vom Pragmatismus? Verrichte ich meine Arbeit im Haushalt so, dass sie nachher erledigt ist, oder nutze ich sie, um Liebe und Segen weiterzugeben? Natürlich gibt es jede Menge, das erledigt sein will, aber du selbst entscheidest das Wie. Lass die Liebe, die Gott in dein Herz gelegt hat, in deinen Alltag strahlen und die Herzen deiner Familie erwärmen.

Wäschegebete

RÜHMT EUCH SEINES HEILIGEN NAMENS! DIE IHN SUCHEN, KÖNNEN SICH FREUEN!

1. CHRONIK 16,10

Wenn man Mama von kleinen Kindern ist, ist es nahezu ein Ding der Unmöglichkeit, ein paar ruhige, ungestörte Minuten zu finden. Von früh bis spät wuselt es um einen herum und wenn am Abend endlich Ruhe einkehrt, ist man eigentlich selbst schon so müde, dass man auf der Stelle einschlafen könnte. Jedenfalls kann man keinen klaren Gedanken mehr fassen. Und zum Beten ist man erst recht zu müde. Und so ist ein weiterer Tag vergangen, an dem wir einfach nicht dazu gekommen sind, unser Innerstes vor Gott auszubreiten und ihm nahe zu sein.

Doch vielleicht liegt das Problem gar nicht an unserem vollen Tag und dem immerwährenden Trubel um uns herum. Vielleicht haben wir einfach eine falsche Vorstellung von dem, was Beten ist: eine Zeit ungestörten Redens mit Gott, eine Begegnung mit ihm im stillen Kämmerlein. Als Mama ist es jedoch gar nicht so leicht, so einen ruhigen Ort zu finden. Und wenn wir es dann doch geschafft haben, uns in eine stille Ecke zu verkrümeln, hören wir, wie vor der Tür die Stimmung kippt, weil ein Streit ausgebrochen oder der Kleinste vom Sofa gepurzelt ist. Darum sollten wir nicht auf den perfekten Moment warten, um mit unserem Gott zu sprechen. Sonst kann es leicht passieren, dass wir in den nächsten Jahren kaum dazu kommen.

Wir dürfen das Gebet, das Gespräch mit Gott in unseren Alltag einflechten. Gott hört uns nicht nur zu, wenn wir andächtig auf den Knien verweilen, sondern auch dann, wenn wir gerade Gemüse schnippeln und Wäsche falten. Oft haben wir bei diesen Aufgaben sogar mehr Ruhe, als wenn wir uns fürs Gebet ein paar Minuten aufs Sofa zurückziehen, denn Kinder haben so ein Gespür dafür, wenn die Mama *untätig* herumsitzt. Dann kommen sie besonders gern zu uns und wollen beschäftigt werden. Selbst wenn wir beim Beten hin und wieder von einem Kind unterbrochen werden, kann Gott trotzdem unseren

Gedanken folgen. Ihn haben Kinder noch nie gestört.

Es gibt so viele Bereiche in unserem Mami-Alltag, die sich perfekt zum Beten eignen. Ich kann beim Wäscheaufhängen, Bügeln oder Falten gut meinen Gedanken nachhängen, denn in dieser Zeit lassen mich die Kids meistens in Ruhe. Ich genieße es richtig, mit meinem Gott zu sprechen, während ich mit den Kleidungsstücken meiner Familie beschäftigt bin. Manchmal hänge ich meine Gebetsliste mit einem Kleiderbügel an einen Haken vor mir an die Wand und nutze die Zeit, um meine Anliegen mit Gott zu teilen. Beim Zusammenlegen von Schlafanzügen und Socken bete ich für meine Kinder, die diese Sachen bald wieder tragen werden, und segne sie. Und manchmal genieße ich einfach die Gegenwart meines Gottes, während ich die nassen Handtücher auf die Leine hänge. Gebet ist auch, einfach innerlich vor Gott zu ruhen. Das sind die Zeiten des Austauschs mit Gott, die uns Kraft und Ausdauer für unseren Alltag schenken. Auch beim Kochen oder Staubsaugen ergeben sich immer wieder solche »ruhigen« Momente, in denen unsere Gedanken zu Gott wandern. Wenn wir unsere Augen offen halten, werden wir über den Tag verteilt immer wieder Möglichkeiten finden, mit Gott zu reden. Wenn wir Gebet so verstehen, dann beginnt es beim Aufstehen und endet, wenn wir uns abends erschöpft ins Bett fallen lassen und im Halbschlaf ein Amen murmeln. Dann durchzieht das Gespräch mit Gott unseren ganzen Alltag und lässt unseren ausgefüllten Tag ein einziges Gebet sein.

Mehr als genug

ICH BIN GEKOMMEN, DAMIT SIE DAS LEBEN HABEN UND VOLLE GENÜGE.

JOHANNES 10,10B

Ein Haufen hungriger Menschen und nur fünf Brote und zwei Fische. Was ist das schon für so viele? Das haben sich die Jünger damals zu Recht gefragt. Wie soll man auch mit so wenig so viele Leute satt kriegen? Das würde als Abendbrot wahrscheinlich nicht mal für unsere Familie reichen. Zum Glück versuchten die Jünger gar nicht erst, diesen Vorrat an Broten und Fischen unter allen zu verteilen. Dann hätten vermutlich die Ersten nur einen Krümel bekommen und die Letzten noch nicht mal das. Niemand wäre satt gewesen – nicht einmal der Junge, der die Brote und Fische eigentlich für sich mitgebracht hatte …

Nein, die Jünger legten das, was sie hatten, in die Hände Jesu. Und er machte daraus so viel! Jeder, der dort war, konnte sich pappsatt essen. Genauso steht es dort: »Alle durften essen, so viel sie wollten!« Bestimmt waren da auch Menschen, die sich schon lange nicht mehr so satt gegessen hatten wie an diesem Tag. Was Jesus für sie bereithielt, reichte nicht nur für das Nötigste, damit wurde nicht nur der kleine Hunger gestillt, sondern er gab im Überfluss. So viel, dass nachher sogar noch zwölf Körbe übrig blieben.

Manchmal fühle ich mich wie die Jünger angesichts der vielen hungrigen Menschen. Ich sehe den Tag, der vor mir liegt, mit all seinen Aufgaben und Herausforderungen. Vielleicht ist ein Kind krank oder schläft schlecht, das Homeschooling zehrt an den Nerven und der Berg Wäsche türmt sich unübersehbar neben dem Bügelbrett. Es gibt so viel, was erledigt werden muss. Und ich sehe das letzte Stückchen Energie und den kleinen Schluck Liebe, den ich noch übrig habe und frage mich: Was ist das für so viel?

Ich finde es so schön, dass die Wunder von Jesus nicht Geschichte sind. Und dass er – wenn auch nicht leibhaftig – auch hier, mitten in meinem Alltag, gegenwärtig ist und mich genau das Gleiche erleben lassen möchte wie damals die Jünger. Auch ich darf meine

Brote und Fische in seine Hände legen und erleben, wie viele satt werden. Ich darf meinen begrenzten Vorrat an Kraft und Fähigkeit ihm übergeben und sehen, wie er daraus so viel macht, dass es nicht nur gerade so reicht, sondern dass ich Überfluss habe. Dass nicht nur das Gröbste bewältigt wird, sondern dass die Menschen um mich herum überreich gesegnet werden. Und dass – nachdem ich alles verteilt habe – für mich selbst noch mehr übrig bleibt, als ich zu Beginn in Jesu Hände gelegt habe.

Schönheitskönigin

Er ehrte Gott, indem er ihm vertraute, und wurde so im Glauben gestärkt.

Römer 4,20

Uns Frauen ist Schönheit einfach wichtig: ein hübsches Zuhause, schicke Kleidung und wir selbst möchten auch gut aussehen. Auch Gott, der unser Schöpfer ist und in dessen Bild wir erschaffen sind, legt viel Wert auf Schönheit. Leider sorgt unser Sinn für Schönes aber oft für Frust, weil wir uns von unserem eigenen Ideal nach mehreren Schwangerschaften und ersten grauen Haaren meilenweit entfernt haben. Aber alle anderen Frauen in unserem Alter besitzen scheinbar irgendwelche Geheimrezepte, die sie trotz allem schön und attraktiv erscheinen lassen.

Auch in der Bibel ist von schönen Frauen die Rede. Sara war eine solche. Sie war so hübsch, dass sogar der Pharao sie für sich begehrte. Sie muss wirklich eine außergewöhnliche Erscheinung gewesen sein. Und die Bibel verrät uns sogar das Rezept für ihre Schönheit, die selbst im hohen Alter noch vorhanden war: »Das ist die Schönheit, mit der die heiligen Frauen sich früher geschmückt haben. Sie haben ihre Hoffnung auf Gott gesetzt.« (1. Petrus 3,5) Ihr Vertrauen auf Gott hat sie schön gemacht, selbst als sie schon alt war mit Falten im Gesicht und grauen Haaren. Dieses Vertrauen gab ihr ein ruhiges Herz und legte in ihre Gesichtszüge einen Frieden, der von innen kam. Sie wirkte nicht gestresst oder unzufrieden. Das machte sie schöner, als jede Anti-Falten-Creme das jemals hinbekommen hätte, und sie ehrte Gott damit, dass sie ihm vertraute.

Eine weitere biblische Schönheit begegnet uns in Sprüche 31. Dort wird eine Frau beschrieben, die vorbildlich für ihr Zuhause und ihre Familie sorgt, ein erfolgreiches Business führt und auch noch Kapazitäten hat, um Bedürftigen zu helfen. Ihr Mann bezeichnet sie als ein kostbares Juwel, wunderschön anzusehen. Doch worin besteht ihre Schönheit?

Ein Schlüssel zur Beantwortung dieser Frage findet sich in Vers 30: »Schönheit vergeht, aber eine Frau, die den Herrn ehrt, werde gelobt!« Auch diese Frau war sich bewusst, dass ihre natürliche Schönheit früher oder später dem Alterungsprozess zum Opfer fallen wird. Aber sie kannte Saras Rezeptur für unvergängliche Schönheit: Sie ehrte Gott. Sie setzte ihr Vertrauen nicht auf ihre eigenen Fähigkeiten, sondern allein auf Gott. Und das verlieh ihr diese Schönheit, die mit Schmuck und Schminke nicht zu erreichen ist.

Dieses Schönheitsmittel steht auch uns zur Verfügung. Wenn wir Gott vertrauen, ehren wir ihn. Das macht uns nicht nur schön, sondern stärkt vor allem unseren Glauben. Ein starker Glaube ist also nicht Voraussetzung dafür, dass wir Gott vertrauen können, sondern umgekehrt: Indem wir ihm vertrauen, wird unser Glaube immer stärker. In diesem Gottvertrauen dürfen wir uns in den kleinen und großen Herausforderungen unseres Alltags üben. Dann sind auch wir ein kostbares Juwel von unübersehbarer Schönheit, weil Gott durch unser Leben geehrt wird.

PSALM 82
Rebuke of Israel's Unjust Judges
A Psalm of Asaph.

Das Hohelied der Liebe für Mütter

Nach 1. Korinther 13

Wenn ich das ordentlichste Haus und den saubersten Boden habe,
aber keine Liebe, bin ich nichts.
Und wenn meine Fenster blitzblank und meine Wohnung geschmackvoll dekoriert ist,
ich aber keine Liebe habe, nützt es mir nichts.
Wenn mein Alltag perfekt organisiert, mein Garten vollkommen unkrautfrei und
die Kleidung meiner Kinder ohne Flecken und Löcher ist – ohne Liebe nützt es mir nichts.
Wenn ich die vortrefflichste Gastgeberin bin, ein gemütliches Zuhause schaffe und
immer das leckerste Essen auf den Tisch bringe, es aber ohne Liebe tue, bin ich nichts.
Und wenn ich die Weisheit habe, jeden Streit gerecht zu schlichten und auf jede
»Warum«-Frage die richtige Antwort weiß, aber keine Liebe habe, so bin ich doch nichts.
Wenn ich alle Tatkraft und allen Fleiß besitze, sodass ich Wäscheberge versetzen könnte,
aber keine Liebe habe, bin ich nichts.
Und wenn ich meine Zeit, meinen Schlaf, ja mich selbst aufopfere, um anderen zu dienen,
es aber ohne Liebe tue, so nützt es mir nichts.
Die Liebe ist geduldig mit quengeligen Babys und mürrischen Teenagern.
Die Liebe ist gütig mit matschbeschmierten Gummistiefeln auf dem frisch gewischten Boden
und verschütteter Milch.
Sie ist nicht neidisch auf die Kleidergröße ihrer Freundin und
den geruhsamen Schlaf ihres Mannes.
Sie macht sich nicht wichtig und gibt nicht an mit den Dingen,
die sie weiß und die ihr gut gelingen.
Sie ist nicht taktlos, wenn ein Missgeschick passiert oder andere einen Fehler machen.
Sie sucht nicht sich selbst, ihre eigenen Wünsche und Vorstellungen; ihr Herz ist auf das
Wohl und den Segen ihrer Familie und Mitmenschen bedacht.

Sie lässt sich nicht reizen von Krümeln auf dem Sofa und nicht gemachten Hausaufgaben.
Sie trägt Böses nicht nach und lässt in ihrem Herzen keine Bitterkeit Wurzeln schlagen.
Sie freut sich nicht über Ungerechtigkeit, sie ist in ihrem Reden und
Handeln jederzeit gerecht und angemessen.
Sie freut sich aber an der Wahrheit und nicht an Klatsch und Tratsch.
Sie erträgt alles.
Sie glaubt alles.
Sie gibt die Hoffnung nicht auf.
Sie erduldet alles.
Die Liebe hört niemals auf!

Mehr bei Francke

Sara Kitzmann
Ein tägliches Fest
Mitten im Familienalltag das Leben feiern
ISBN 978-3-96362-412-4
112 Seiten, gebunden

Für Sara Kitzmann ist es beschlossene Sache: Der Alltag mit kleinen Kindern muss nicht grau sein, geprägt von lästiger Routine und einer übervollen To-do-Liste. Sie feiert jeden Tag als Fest. Wie das geht?
In kurzen Episoden erzählt sie von ihren persönlichen Erfahrungen als Mutter von vier Kindern. Es müssen gar nicht die großen Unternehmungen sein, die den Alltag zu etwas Besonderem machen. Ihre Tipps sind selbst erprobt und sofort umzusetzen. Los geht's! Lass dich einladen, als Mama jeden Tag deines Lebens wie ein kleines Fest zu feiern. Das kostet vielleicht ein wenig Energie, aber der Ertrag wiegt den Einsatz auf. Versprochen.

Ellen Banks Elwell
Ein kleines Stück vom Himmel sehen
365 Andachten für Mütter
ISBN 978-3-86827-534-6
380 Seiten, gebunden

Ein Andachtsbuch für Mütter mit ermutigenden Texten für jeden Tag. Genau richtig für kleine geistliche Oasenzeiten mitten im Alltag, in denen wir Gott begegnen können.
Ellen Elwell, selbst Mutter, greift wochenweise verschiedene Themen auf. Auf einen Bibelvers folgen jeweils eine praktische Auslegung und ein kurzes Gebet.
Ein wertvoller Begleiter, der Mütter bei ihren vielfältigen verantwortungsvollen Aufgaben stärkt, stützt, erfrischt, inspiriert und geistlich wachsen lässt.

Sarah Franke
Mutig, stark und gut gewappnet
Wie Kinder lernen, das Leben zu meistern
ISBN 978-3-96362-530-5
ca. 208 Seiten, gebunden

Resilienz ist kein Zufall – sie wächst, wenn wir sie gemeinsam leben!

In einer Welt, die sich immer schneller verändert, brauchen Kinder mehr als nur Wissen – sie brauchen innere Stärke.
Sarah Franke zeigt, wie Familien ihre Kinder mit Zuversicht, Mut und einem starken Glauben durchs Leben begleiten können. »Mutig, stark und gut gewappnet« verbindet aktuelle psychologische Erkenntnisse und pädagogische Erfahrung mit praktischen Übungen und christlichen Impulsen. Es erklärt leicht verständlich, wie emotionale Stärke wächst: durch tragende Beziehungen, ein gesundes Selbstbild, die Fähigkeit, mit starken Gefühlen und Langeweile umzugehen, und sechs weitere Säulen der Resilienz.
Viele praxiserprobte Ideen, Familienrituale und kreative Anregungen helfen, Resilienz im Alltag ganz praktisch einzuüben. Eltern lernen, ihre eigene innere Stärke zu vertiefen und ihre Kinder im Kindergarten- und Grundschulalter zu befähigen, sich Krisen und Herausforderungen mit Vertrauen und Lebensfreude zu stellen.

Ein ermutigendes Buch für alle, die ihre Kinder stark fürs Leben machen möchten – psychologisch fundiert, alltagstauglich und getragen vom Glauben.